Glencoe Spanish 3

¡Buen viaje!

Student Tape Manual

Conrad J. Schmitt

Protase E. Woodford

D1716971

Glencoe
McGraw-Hill

New York, New York   Columbus, Ohio   Woodland Hills, California   Peoria, Illinois

Glencoe/McGraw-Hill

A Division of The McGraw-Hill Companies

Printed in the United States of America.

Send all inquiries to:
Glencoe/McGraw-Hill
8787 Orion Place
Columbus, OH 43240

ISBN 0-07-821006-2 (Student Edition, Student Tape Manual)
ISBN 0-02-646385-7 (Teacher's Edition, Student Tape Manual)

3 4 5 6 7 8 9   009   08 07 06 05 04 03 02 01 00

Student Tape Manual

Student Tape Manual
Contenido

The following selections can be heard on the Song Cassette located in the ¡Buen viaje!, Level 3, Audio Cassette binder.

Las mañanitas

Éstas son las mañanitas,
Que cantaba el rey David,
Pero no eran tan bonitas,
Como las cantan aquí.

Despierta, mi bien, despierta,
Mira que ya amaneció.
Ya los pajarillos cantan,
La luna ya se metió.

Cielito lindo

Ese lunar que tienes, cielito lindo,
Junto a la boca,
No se lo des a nadie, cielito lindo,
Que a mí me toca.

Ay, ay, ay, ay,
Canta y no llores,
Porque cantando,
Se alegran cielito lindo,
Los corazones.

De colores

De colores, de colores
Se visten los campos en la primavera,
De colores, de colores
Son los pajarillos que vienen de fuera,
De colores, de colores es el arco iris
Que vemos lucir,
Y por eso los grandes amores
De muchos colores me gustan a mí,
Y por eso los grandes amores
De muchos colores me gustan a mí.

Guantanamera

Yo soy un hombre sincero,
De donde crece la palma.
Yo soy un hombre sincero,
De donde crece la palma,
Y antes de morirme quiero,
Echar mis versos del alma.

Guantanamera, guajira, Guantanamera,
Guantanamera, guajira, Guantanamera.

Mi verso es de un verde claro,
Y de un carmín encendido,
Mi verso es de un verde claro,
Y de un carmín encendido,
Mi verso es un ciervo herido,
Que busca en el monte amparo.

Guantanamera, guajira, Guantanamera,
Guantanamera, guajira, Guantanamera.

Eres tú

Como una promesa eres tú, eras tú,
Como una mañana de verano,
Como una sonrisa eres tú, eres tú.
Así, así, eres tú.

Toda mi esperanza eres tú, eres tú,
Como una lluvia fresca de mis manos,
Como fuerte brisa eres tú, eres tú,
Así, así, eres tú.

Eres tú como el agua de mi fuente,
Eres tú el fuego de mi hogar.

Como mi poema eres tú, eres tú,
Como una guitarra en la noche,
Como mi horizonte eres tú, eres tú,
Así, así, eres tú.

Como una promesa eres tú, eras tú,
etc.

San Fermín

Uno de enero, dos de febrero,
Tres de marzo, cuatro de abril,
Cinco de mayo, seis de junio,
Siete de julio, ¡San Fermín!

Me he de comer esa tuna

Guadalajara en un llano
México en una laguna,
Guadalajara en un llano
México en una laguna.
Me he de comer esa tuna,
Me he de comer esa tuna,
Me he de comer esa tuna,
Aunque me espine la mano.

Dicen que soy hombre malo
Malo y mal averiguado.
Dicen que soy hombre malo
Malo y mal averiguado.
Porque me comí un durazno,
Porque me comí un durazno,
Porque me comí un durazno,
De corazón colorado.

El águila siendo animal
Se retrató en el dinero.
El águila siendo animal
Se retrató en el dinero.
Para subir al nopal,
Para subir al nopal,
Para subir al nopal,
Pidió permiso primero.

Quizás, quizás, quizás

Siempre que te pregunto,
Que cuándo, cómo y dónde,
Tú siempre me respondes,
      quizás, quizás, quizás...
Y así pasan los días,
Y yo desesperando,
Y tú, tú contestando,
      quizás, quizás, quizás...
Estás perdiendo el tiempo,
Pensando, pensando,
Por lo que tú más quieras
Hasta cuándo,
Hasta cuándo...
Y así pasan los días,
Y yo desesperando,
Y tú, tú contestando,
      quizás, quizás, quizás.

La última noche

La última noche que pasé contigo,
La llevo guardada como fiel testigo,
De aquellos momentos en que fuiste mía
Y hoy quiero borrarla de mi ser...
La última noche que pasé contigo
Quisiera olvidarla pero no he podido,
La última noche que pasé contigo,
Tengo que olvidarla de mi ayer...
      ¿Por qué te fuiste,
      Aquella noche,
      Por qué te fuiste,
      Sin regresar?
      Y me dejaste,
      Aquella noche,
      Como recuerdo
      De tu traición...
La última noche que pasé contigo,
La llevo guardada como fiel testigo,
De aquellos momentos en que fuiste mía.
Y hoy quiero borrarla de mi ser.
Y hoy quiero borrarla de mi ser.

El reloj

Reloj, no marques las horas,
Porque voy a enloquecer,
Ella se irá para siempre,
Cuando amanezca otra vez.
No más nos queda esta noche,
Para vivir nuestro amor,
Y su tic-toc me recuerda
Mi irremediable dolor.
Reloj, detén tu camino,
Porque mi vida se apaga,
Ella es la estrella que alumbra mi ser,
Yo sin su amor no soy nada.
Detén el tiempo en tus manos,
Haz esta noche perpetua,
Para que nunca se vaya de mí.
Para que nunca amanezca.
Para que nunca amanezca.
Para que nunca amanezca.

Canción mixteca

Qué lejos estoy del suelo donde he nacido,
Inmensa nostalgia invade mi pensamiento,
Y al verme tan solo y triste cual hoja al viento,
Quisiera llorar, quisiera morir
      de sentimiento. *(Repite)*

¡O tierra del sol!
suspiro por verte,
Ahora qué lejos
yo vivo sin luz, sin amor,
Y al verme tan solo y triste cual hoja al viento,
Quisiera llorar, quisiera morir
      de sentimiento.

El quelite

Qué bonito es el quelite
Bien haya quien lo sembró,
Que por sus orillas tiene
De quien acordarme yo.

Mañana me voy, mañana,
Mañana me voy de aquí.
Y el consuelo que me queda,
Que se han de acordar de mí.

Camino de San Ignacio
Me dio sueño y me dormí.
Y me despertó un gallito
Cantando quiquiriquí.

Mañana me voy, mañana,
Me voy por el nacional,
Adiós muchachas bonitas,
De esta hermosa capital.

CAPÍTULO **1**

Los viajes

CULTURA

Lugares de interés turístico

Vocabulario

Actividad A Definiciones y sinónimos   Escuche y escoja.

a. la calzada	**c.** Gales	**e.** el cerro	**g.** acudir a
b. manso	**d.** la represa	**f.** abajo	**h.** estrecho

1. _____

2. _____

3. _____

4. _____

5. _____

6. _____

7. _____

8. _____

Actividad B Escuche y escoja.

1. a   b   c

2. a   b   c

3. a   b   c

4. a   b   c

5. a   b   c

6. a   b   c

Actividad C Escuche y escoja.

 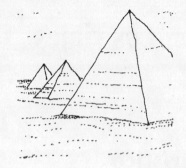 

_____   _____   _____

_____   _____

Comprensión

Actividad D Escuche y escoja.

1. **a.** Machu Picchu **b.** la Costa del Sol **c.** Puerto Rico

2. **a.** Machu Picchu **b.** la Costa del Sol **c.** Puerto Rico

3. **a.** Tikal **b.** la Península Valdés **c.** Viña del Mar

4. **a.** Tikal **b.** la Península Valdés **c.** Viña del Mar

5. **a.** Tikal **b.** la Península Valdés **c.** Viña del Mar

Actividad E   El agente de viajes   Escuche y escoja.

a. Marbella	**c.** Rincón	**e.** Copán	**g.** Punta Tombo
b. Cancún	**d.** Teotihuacán	**f.** Machu Picchu	

1. _____   5. _____

2. _____   6. _____

3. _____   7. _____

4. _____

CONVERSACIÓN

Un vuelo anulado

Vocabulario

Actividad A   ¿De qué hablan?   Escuche y escoja.

a. el monto	**c.** la autopista	**e.** el embotellamiento
b. el taxímetro	**d.** la parada de taxis	

1. _____

2. _____

3. _____

4. _____

5. _____

Actividad B   Definiciones   Escuche y escoja.

a. la demora	**c.** la terminal	**e.** pronosticar
b. reembolsar	**d.** deducir	

1. _____

2. _____

3. _____

4. _____

5. _____

Actividad C Describa.

Comprensión

Actividad D En el aeropuerto   Escuche.

Actividad E ¿Sí o no?   Escuche y escoja.

    1. sí   no   **6.** sí   no

    2. sí   no   **7.** sí   no

    3. sí   no   **8.** sí   no

    4. sí   no   **9.** sí   no

    5. sí   no

Actividad F En el taxi   Escuche.

Actividad G Escuche y escoja.

    1. a   b

    2. a   b

    3. a   b

    4. a   b

    5. a   b

Nombre _____ Fecha _____

Actividad H En la estación de ferrocarril   Escuche.

Actividad I Escuche y escoja.

    1. a   b   c

    2. a   b   c

    3. a   b   c

    4. a   b   c

    5. a   b   c

LENGUAJE

Actividad A Ud. quiere saber.   Pregunte cortésmente.

    1. dónde está el correo

    2. la hora del concierto

    3. cuándo sale el avión para Santiago

    4. la hora

Actividad B Ud. quiere saber el precio.   Pregunte cortésmente.

    1. sellos para postales a los EE.UU.

    2. una blusa de seda

    3. un billete de ida y vuelta para el AVE

    4. manzanas

    5. el taxi del aeropuerto al centro

Actividad C Ud. no sabe.   Conteste cortésmente.

REPASO DE ESTRUCTURA

Actividad A Escuche y conteste.

1. Chile	**5.** dos semanas
2. no	**6.** gustar mucho
3. avión	**7.** nada
4. esquiar	

Actividad B Escuche. Conteste con *no*.

Actividad C Lo que pasó ayer. Diga.

1.

2.

3.

4.

5.

PERIODISMO
San Ángel: *San Ángel: un oasis capitalino*

Vocabulario

Actividad A Escuche y escoja.

1. a b c   3. a b c   5. a b c

2. a b c   4. a b c

Actividad B Definiciones Escuche y escoja.

a. el arete   **c.** el trayecto   **e.** los comensales   **g.** las miniaturas
b. el dibujo   **d.** disfrutar   **f.** el juguete

1. _____   4. _____   6. _____

2. _____   5. _____   7. _____

3. _____

Comprensión

Actividad C En un mercado o bazar Escuche y escoja.

_____   _____   _____

_____   _____   _____

Actividad D Escuche y conteste.

EL AVE: *AVE: De Madrid a Sevilla en menos de tres horas*

Vocabulario

Actividad A Escuche y escoja.

1. a b c

2. a b c

3. a b c

4. a b c

Comprensión

Actividad B Escuche y conteste.

EL TIEMPO

Vocabulario

Actividad A **Definiciones** Escuche y escoja.

a. el aguacero   d. despejado
b. el granizo   e. la nieve
c. el huracán   f. el chubasco

1. _____

2. _____

3. _____

4. _____

5. _____

6. _____

UN POCO MÁS

Actividad A Conteste.

Actividad B En la estación de ferrocarril   Escuche y escriba.

	DESTINO	ANDÉN
1.	_____	_____
2.	_____	_____
3.	_____	_____
4.	_____	_____
5.	_____	_____

Actividad C Escuche y conteste.

Viajes verano

EN VELERO POR LOS MARES DE HOLANDA
Un viaje de 14 días que incluye una semana de navegación en antiguos veleros, 4 noches de hotel en Amsterdam y transporte en autocar.
Salidas: Julio, agosto y septiembre.
Precio: 64.000 pesetas.

CABO NORTE
Un mes en autocar acondicionado con literas y cocina recorriendo Finlandia, Laponia, Suecia, Noruega.
Fechas: — Del 2 al 30 de julio.
        — Del 3 al 31 de agosto.
Precio: 126.000 pesetas.

KENIA
Veintiocho días de recorrido en minibús, campings y hoteles por los Parques Nacionales, la costa del Océano Indico, Mombasa y el archipiélago de Lamu.
Fechas: Todos los meses de julio a noviembre.
Precio: 235.000 pesetas.

KENIA Y TANZANIA
Cuatro semanas recorriendo los Parques Nacionales de Masai Mara, Amboseli, Tsavo, Nakuru, playas de Malindi y Mombasa en Kenia; y en Tanzania los de Tarangire, Cráter del Ngorongoro y Serengueti.
Fechas: Todos los meses de julio a noviembre.
Precio: 264.000 pesetas.

EGIPTO Y JORDANIA
Un mes en autocaravana acondicionada con literas recorriendo desde Amman hasta El Cairo, pasando por Petra, Mar Muerto, Wadi Rum, Aqaba, la península del Sinaí, Abu Simbel, Assuan, Luxor.
Fechas: Todos los meses desde julio a noviembre.
Precio: 187.000 pesetas.

MARRUECOS
Diecisiete días que nos llevarán desde las estribaciones del Rif hasta el mismo umbral del Sahara, al sur del Alto Atlas. Visitaremos Chauen, Fez, Marrakech, Rabat.
Fechas: julio, agosto, septiembre.
Precio: 39.500 pesetas con alojamiento en hotel.
        27.000 pesetas en camping.

INDIA CENTRAL, RAJASTHAN Y NEPAL
Veintiocho días de viaje para recorrer en autobús y tren Delhi, Rajasthan, Agra, Benarés, Bombay y en Nepal, Kathmandu y Pokara. El alojamiento será en hoteles.
Fechas: Todos los meses desde julio hasta noviembre.
Precio: 198.000 pesetas.

INDONESIA: SUMATRA, JAVA Y BALI
Cuatro semanas viajando por estas tres islas, utilizando autocar y avión, con alojamiento en hoteles.
Fechas: Todos los meses desde julio a noviembre.
Precio: 242.000 pesetas.

EE.UU.: COSTA-COSTA
Un mes en autocar acondicionado con literas desde Nueva York a San Francisco, visitando Boston, Niágara, Chicago, Yellowstone, Gran Cañón, la Tierra de los Navajos, Yosemite.
Fechas: Todos los meses de julio a octubre.
Precio: 243.000 pesetas.

PERU Y BOLIVIA
Cuatro semanas recorriendo Lima, Iquitos, Huaraz, Cuzco, Puno para terminar en La Paz. El viaje incluye vuelos interiores, autocar, tren, alojamiento en hoteles y excursión de tres días por la selva.
Fechas: Todos los meses desde julio a octubre.
Precio: 248.000 pesetas.

Y además **Grecia, Turquía, Yugoslavia, Argelia, Senegal-Mali, Siria-Jordania, Pakistán, China, Tibet, Australia, Alaska, Canadá, Cuba, Nicaragua, Colombia y Ecuador...
Trekking por los Alpes, Ladakh, Annapurnas, Everest...
Tarifas aéreas económicas** a cualquier lugar del mundo. **Solicita nuestro Boletín de Viajes del Verano**

añosluz

Actividad D Pronósticos meteorológicos   Escuche y conteste.

EL DIARIO

DPTO. CIUDAD	AYER Máx/Min		HOY Máx/Min		MAÑANA Máx/Min		VIERNES Máx/Min	
La Paz								
La Paz	17/5	A	17/6	N	18/5	PN	19/6	S
El Alto (Aerpto.)	14/3	A	12/3	N	13/3	PN	14/4	S
Copacabana	25/10	A	24/11	N	25/12	PN	26/13	PN
Apolo	26/12	A	27/12	N	26/13	PN	27/12	PN
Tipuani	27/12	A	27/13	N	28/12	PN	29/13	PN
Charaña	16/2	A	17/3	N	18/2	N	19/3	PN
Santiago de Huata	18/3	A	17/–2	N	18/–1	N	17/–2	PN
Santa Cruz								
Santa Cruz	31/21	PN	30/20	A	31/21	PN	32/22	S
Viru Viru	31/20	PN	31/21	A	31/21	PN	32/21	S
San José	31/21	PN	30/20	A	31/21	PN	32/20	S
Robore	32/21	PN	29/20	A	30/21	PN	31/22	S
Concepción	32/21	PN	31/21	A	30/20	PN	31/21	PN
Puerto Suárez	34/21	S	33/20	A	32/21	N	33/22	PN
Ascensión de Guarayos	32/20	PN	33/21	A	32/20	A	33/21	PN
Camiri	29/19	A	31/18	PN	30/19	PN	31/20	S
San Javier	31/21	PN	32/21	A	31/20	PN	32/21	PN
San Ignacio de Velasco	31/21	S	32/21	A	33/22	N	32/21	S
Cochabamba								
Cochabamba	27/11	A	25/11	N	26/12	N	27/13	PN
Todos Santos	28/21	A	29/20	A	28/21	N	20/20	PN
Beni								
Trinidad	30/22	A	31/21	N	32/20	PN	31/21	S
Riberalta	32/22	TE	33/21	A	32/20	N	33/21	PN
San Ignacio de Moxos	32/21	A	33/21	N	32/20	PN	31/21	S
Rurrenabaque	29/20	A	32/21	N	31/20	PN	32/21	PN
San Borja	30/20	A	31/21	N	30/20	PN	31/21	S
Reyes	30/21	A	31/22	A	30/21	N	31/22	PN

N	=	Nublado
PN	=	Parcialmente nublado
S	=	Soleado
A	=	Aguacero
NE	=	Nevada
LL	=	Lluvia
TE	=	Tormenta eléctrica
RN	=	Ráfagas de nieve

ESTRUCTURA

Actividad A Escuche y conteste.

Ejemplo: *(You hear)*   ¿Qué esperan tus padres?
                   (You see)   estudiar mucho
                   (You say)   Esperan que yo estudie mucho.

1. estudiar mucho

2. no salir con otra persona

3. sacar buenas notas

4. jugar con ellos

5. ser feliz

Actividad B Escuche y conteste.

Ejemplo: *(You hear)*   ¿Ellos van a tomar el tren?
                   (You see)   es probable
                   (You say)   Es probable que ellos tomen el tren.

1. es probable

2. es difícil

3. es importante

4. es posible

5. es mejor

Actividad C Escuche y conteste.

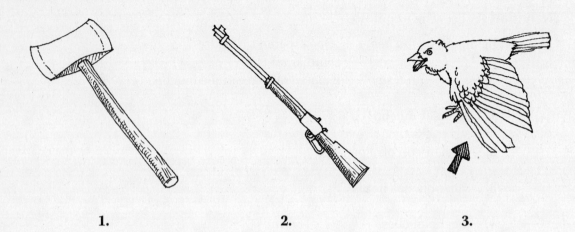

1.   2.   3.

4.   5.

LITERATURA

¡AL PARTIR!

Vocabulario

Actividad A Escuche y escoja.

1. a b c   5. a b c

2. a b c   6. a b c

3. a b c   7. a b c

4. a b c

Comprensión

Actividad B Escuche.

Actividad C Escuche y escoja.

1. a b c

2. a b c

3. a b c

4. a b c

EL VIAJE DEFINITIVO

Vocabulario

Actividad A Definiciones.   Escuche y escoja.

a. el pozo   c. el huerto   e. plácido
b. el pájaro   d. la campana   f. el campanario

1. _____   3. _____   5. _____

2. _____   4. _____   6. _____

Comprensión

Actividad B Escuche.

Actividad C Describa.

TEMPRANO Y CON SOL

Comprensión

Actividad A Escuche pero no repita.

Actividad B Ahora escoja la respuesta correcta.

1. a b c

2. a b c

3. a b c

4. a b c

5. a b c

6. a b c

Actividad C Escuche y escoja.

1. sí no

2. sí no

3. sí no

4. sí no

5. sí no

6. sí no

Nombre _____   Fecha _____

Un poco más

Actividad A Una conferencia   Escuche.

Actividad B Escuche y escoja.

1. Marco Polo viajó desde Italia hasta _____ .
   a. la China   **b.** el Japón   **c.** Inglaterra

2. Marco Polo hizo sus viajes en el siglo _____ .
   a. XI   **b.** XIII   **c.** XV

3. El conferenciante dice que el turismo moderno tiene unos _____ años.
   a. 100   **b.** 150   **c.** 200

4. Thomas Cook comenzó como vendedor de _____ .
   a. trenes   **b.** barcos   **c.** libros

5. Para llevar a sus correligionarios de Leicester a Loughborough, Cook fletó

   un _____ .
   a. tren   **b.** barco   **c.** avión

6. El primer lugar fuera de Inglaterra adonde Cook llevaba excursionistas era

   _____ .

   a. Francia   **b.** Egipto   **c.** Escocia

7. A las excursiones donde se incluyen en un solo precio el transporte y el

   alojamiento se les llaman viajes de _____ .
   a. «gran tour»   **b.** «paquete»   **c.** «control»

8. En 1872 la compañía Cook organizó su primer viaje _____ .
   a. alrededor del mundo   **b.** a París   **c.** a Egipto

9. Se calcula que habrá cerca de _____ turistas para el año 2000.
   a. 2.000   **b.** 2.000.000   **c.** 2.000.000.000

10. La razón de turistas a habitantes en Bermuda y las Bahamas en épocas de

    turismo es de _____ .
    a. 1:1   **b.** 1:5   **c.** 1:15

Actividad C Las presentaciones   La muchacha   Escuche y escriba.

1. ¿Cómo se llama la muchacha? _____

2. ¿Cuántos años tiene ella? _____

3. ¿De qué país es ella? _____

4. ¿Qué es Loja? _____

5. ¿Qué es La Providencia? _____

Actividad D Las presentaciones   El muchacho   Escuche y escriba.

1. ¿Cómo se llama el muchacho? _____

2. ¿Es de España o de Latinoamérica? _____

3. ¿En qué ciudad nació? _____

4. ¿Cuántos años va a cumplir dentro de poco? _____

5. ¿Qué es Nuestra Señora del Prado? _____

STUDENT TAPE MANUAL
Copyright © Glencoe/McGraw-Hill

Actividad E   Las vacaciones de la joven   Escuche y complete.

1. Por lo general, durante las vacaciones Carla va a la _____ .

2. También, a veces, va con su familia en viajes a todas partes del

    _____ .

3. Costa, Sierra y Oriente son tres regiones del _____ .

4. A Carla le interesan mucho la flora y la fauna y los indígenas que se

    encuentran en la _____ .

5. Ella cree que los _____ de su país son muy
   diferentes a las personas de cualquier otra parte del mundo.

6. La playa más bonita de su país, según Carla, se llama _____ .

7. Carla toma muchas _____ que son recuerdos de los lugares que
   ha visitado.

Actividad F   Las vacaciones del joven   Escuche y escoja.

1. Este verano Pascual y su familia van a ir a _____ .
   a. Valencia   **b.** Castellón   **c.** Estepona

2. El lugar que más le ha interesado a Pascual en los viajes de verano es _____ .
   a. Ciudad Real   **b.** Castellón   **c.** Estepona

3. En Castellón vive la _____ del muchacho.
   a. hermana   **b.** profesora   **c.** abuela

4. Pascual y sus amigos juegan al vólibol y al fútbol en _____ .
   a. la escuela   **b.** la playa   **c.** las montañas

5. Las únicas vacaciones que tiene el muchacho son las del _____ .
   a. verano   **b.** otoño   **c.** invierno

CAPÍTULO **2**

Rutinas

CULTURA
La vida diaria

Vocabulario

Actividad A Definiciones Escuche y escoja.

a.	la oveja	**e.**	la llama
b.	las faenas	**f.**	el entrenador
c.	el altiplano	**g.**	el ama de casa
d.	los vecinos	**h.**	los aymarás

1. _____

2. _____

3. _____

4. _____

5. _____

6. _____

7. _____

8. _____

Actividad B Escuche y escoja.

1. a   b   c

2. a   b   c

3. a   b   c

4. a   b   c

Nombre _____ Fecha _____

Comprensión

Actividad C ¿Hipólito el boliviano o Débora la puertorriqueña? Escuche y escoja.

	BOLIVIA	PUERTO RICO
1.	_____	_____
2.	_____	_____
3.	_____	_____
4.	_____	_____
5.	_____	_____
6.	_____	_____
7.	_____	_____
8.	_____	_____
9.	_____	_____
10.	_____	_____
11.	_____	_____

Actividad D ¿Quién habla? Escuche y escoja.

a. Hipólito
b. Débora
c. la madre de Hipólito
d. la madre de Débora
e. el padre de Hipólito
f. el padre de Débora

1. _____   6. _____
2. _____   7. _____
3. _____   8. _____
4. _____   9. _____
5. _____   10. _____

Actividad E La vida de Débora Describa.

1.

2.

3.

4.

Actividad F La vida de Hipólito   Describa.

1.

2.

3.

4.

CONVERSACIÓN

La estudiante extranjera

Vocabulario

Actividad A ¿De qué o de quién hablan?   Escuche y escoja.

a.	el barrio	**d.**	el elefante
b.	el capricho	**e.**	el cacharro
c.	el horario	**f.**	el piso

1. _____

2. _____

3. _____

4. _____

5. _____

6. _____

Actividad B Escuche y escoja.

1. a   b   c   5. a   b   c

2. a   b   c   6. a   b   c

3. a   b   c   7. a   b   c

4. a   b   c

Comprensión

Actividad C La estudiante extranjera   Escuche.

Actividad D Escuche y escoja.

1. a   b   c   4. a   b   c   7. a   b   c

2. a   b   c   5. a   b   c   8. a   b   c

3. a   b   c   6. a   b   c   9. a   b   c

STUDENT TAPE MANUAL
Copyright © Glencoe/McGraw-Hill

LENGUAJE

Actividad A A tu amigo(amiga)   Ofrezca cortésmente.

    1. una limonada

    2. un sándwich

    3. más pastel

    4. café

Actividad B A su profesor (profesora) de español   Ofrezca cortésmente.

    1. una taza de café

    2. un helado de coco

    3. una manzana

    4. un refresco de tamarindo

Actividad C Acepte cortésmente.

Actividad D Diga que no, cortésmente.

Actividad E Invite a un amigo o a una amiga.

    1. a una zarzuela

    2. al cine

    3. a un partido de béisbol

Actividad F Acepte la invitación.

Actividad G Ud. quiere ir pero no puede.   Escuche y conteste.

Actividad H Ud. nunca va a aceptar.   Escuche y conteste.

Actividad I Ud. quiere saber más.   Escuche y conteste.

REPASO DE ESTRUCTURA

Actividad A Escuche y conteste.

1. levantarse
2. bañarse y vestirse
3. desayunarse
4. ir a la escuela

Actividad B Escuche y responda.

Ejemplo: *(You hear)* Yo fui al parque ayer.
(You see) todos los días
(You say) Pues yo iba al parque todos los días.

1. todos los días
2. con frecuencia
3. todos los sábados
4. siempre
5. a menudo

Actividad C Escuche y escoja.

PRETÉRITO	IMPERFECTO
1. _____	_____
2. _____	_____
3. _____	_____
4. _____	_____
5. _____	_____
6. _____	_____
7. _____	_____
8. _____	_____

Actividad D Invente oraciones.

Ejemplo: *(You hear)* Número 0.
(You see) Rosa / comer   Luis / llegar
(You say) Rosa comía cuando Luis llegó.

1. Rosa / comer   Luis / llegar
2. Yo / estudiar   tú / llamar
3. Nosotros / leer   teléfono / sonar
4. Ellos / jugar   empezar a llover
5. Uds. / bailar   nosotros / entrar
6. Tú / bañarse   Mamá / salir

Periodismo
El voto para los jóvenes

Vocabulario

Actividad A Escuche y conteste.

a. el adulto
b. el discernimiento
c. la tercera edad
d. el electorado
e. el bebé

1. _____
2. _____
3. _____
4. _____
5. _____

Actividad B Escuche y escoja.

1. a b c   4. a b c
2. a b c   5. a b c
3. a b c

Actividad C Definiciones   Escuche y escoja.

a. la longevidad
b. la decrepitud
c. suministrar
d. la aldea
e. los pensionistas
f. el lobby
g. los nonagenarios
h. asegurar

1. _____   5. _____
2. _____   6. _____
3. _____   7. _____
4. _____   8. _____

Comprensión

Actividad D Escuche.

Actividad E Escuche y escoja.

1. **a.** El hombre.
   b. La mujer.
   c. Ninguno de los dos.

2. **a.** Problemas morales.
   b. Problemas económicos.
   c. Problemas médicos.

3. **a.** Los políticos.
   b. Los viejos.
   c. Sus padres.

4. **a.** Los periódicos.
   b. El Internet.
   c. Sus clases.

5. **a.** Usar drogas o no.
   b. Votar o no.
   c. Trabajar o no.

6. **a.** Votan por malos candidatos.
   b. Nunca votan.
   c. No se informan de nada.

EL PRIMER DÍA DE CLASES: *CARTERAS*

Vocabulario

Actividad A ¿De qué se habla? Escuche y escoja.

a. el pozo   **d.** la etapa
b. el dineral   **e.** el aprendiz
c. la cartera

1. _____   4. _____
2. _____   5. _____
3. _____

Actividad B Escuche y conteste.

a. hojear   **d.** agridulce
b. ilusionado **e.** soñoliento
c. precisar

1. _____   4. _____
2. _____   5. _____
3. _____

Comprensión

Actividad C Preguntas personales Escuche y conteste.

Un poco más

Actividad A Los trenes locales   Escuche y conteste.

TIPO DE TREN	REGIONAL	REGIONAL	REG. EXP?	REGIONAL
MODALIDADES	2ª	2ª	1ª-2ª	2ª
ORIGEN				
VALLADOLID-CAMPO GRANDE				
VALDESTILLAS				■
MEDINA DEL CAMPO				8.00
OLMEDO DE ADAJA				8.23
CIRUELOS				8.35
COCA				8.40
NAVA DE LA ASUNCIÓN				8.49
ORTIGOSA-PESTAÑO				8.55
ARMUÑA-BENARDOS (APD.)				*8.59*
YANGUAS DE E. CARB. E. MAYOR				9.03
AUSIN (APD.)				9.11
HONTANARES DE ERESMA	■	■	■	9.15
SEGOVIA	6.20	6.45	7.30	9.35
NAVAS DE RIOFRIO-LA LOSA		6.54		9.45
ORTIGOSA DEL MONTE (APD.)		6.58			
OTERO-HERREROS		7.04		9.54
LOS ANGELES DE SAN RAFAEL (APD.)		7.08		
EL ESPINAR	6.46	7.13		10.01
SAN RAFAEL (APD.)	6.49	7.17	7.54	10.05
GUDILLOS				
TABLADA		7.24		10.15
CERCEDILLA	7.04	7.33	8.05	10.23
LOS MOLINOS-GUADARRAMA	7.09	7.38		
COLLADO MEDIANO	7.13	7.42		
MATAESPESA DE ALPEDRETE	7.22	7.48		
LOS NEGRALES (APD.)	7.26	7.55		
VILLALBA DE GUADARRAMA	7.30	8.00	8.24	10.48
GALAPAGAR-LA NAVATA (APD.)	7.34	8.04		
TORRELODONES	7.38	8.08		
LAS MATAS	7.42	8.12		
PINAR DE LAS ROZAS	7.46	8.16		
EL TEJAR	7.49	8.19		
PITIS		8.29		
RAMON Y CAJAL (APD.)	8.03	8.33		
MADRID-CHAMARTIN	8.08	8.38	9.00	11.23
MADRID-NUEVOS MINISTERIOS	8.13	8.43	9.05	■
MADRID-RECOLETOS (APD.)	8.17	8.47		
MADRID-ATOCHA	8.21	8.51	9.13	
DESTINO	■	■	TOLEDO 10.16	
OBSERVACIONES	(1)	(4)	(2)	

Nombre _____ Fecha _____

Actividad B Escuche y escoja.

1. **a.** Un libro.   **b.** Un periódico.   **c.** Un video.

2. **a.** En la carnicería. **b.** En la biblioteca.   **c.** En la peluquería.

3. **a.** En la televisión. **b.** En un avión.   **c.** En un autobús.

4. **a.** Es bailarín.   **b.** Es vendedor.   **c.** Es militar.

5. **a.** Estudiante.   **b.** Piloto.   **c.** Ingeniera.

6. **a.** En una barbería.   **b.** En un teatro.   **c.** En un hospital.

Actividad C Estudie y escuche.

1. ¿Qué tiene ganas de hacer don Baldomero?

2. ¿De qué país están hablando los señores?

3. ¿Cómo van a viajar ellos?

4. ¿Qué tendrá que pagar don Baldomero?

5. ¿Cuál es la profesión de don Baldomero?

6. ¿A quién quiere invitar don Baldomero a hacer el viaje con ellos?

Actividad D Escuche y escoja.

1. **a.** Comer chancho.   **b.** Conocer su país.   **c.** Platear animales.

2. **a.** Costa Rica.   **b.** España.   **c.** San Ignacio.

3. **a.** En jeep.   **b.** En tren.   **c.** En autobús.

4. **a.** Nada.   **b.** La cama y la comida.   **c.** Todos los gastos de transporte.

5. **a.** Es profesor.   **b.** Es autor.   **c.** Es policía.

6. **a.** A Emeterio.   **b.** A José.   **c.** A Ignacio.

28 ⌒⌒ **¡Buen viaje! Level 3   Capítulo 2**

STUDENT TAPE MANUAL
Copyright © Glencoe/McGraw-Hill

ESTRUCTURA

Actividad A Escuche y conteste.

Ejemplo: *(You hear)*   ¿Vienen los chicos?
  (You see)   dudar
  (You say)   Dudo que vengan.

1. dudar
2. es cierto
3. no creer
4. estar seguro
5. no estar seguro
6. creer

Actividad B Escuche y escoja.

	INDICATIVO	SUBJUNTIVO
1.	_____	_____
2.	_____	_____
3.	_____	_____
4.	_____	_____
5.	_____	_____
6.	_____	_____
7.	_____	_____

Actividad C Escuche y conteste.

Ejemplo: *(You hear)*   A Jorge le gusta la clase.
  (You see)   sorprender
  (You say)   Me sorprende que le guste.

1. sorprender
2. alegrarse de
3. es lástima
4. gustar

LITERATURA

SUEÑOS

Vocabulario

Actividad A ¿De qué se habla?   Escuche y escoja.

a. los bigotes	**c.** el ataúd	**e.** el aviso luminoso
b. los anteojos	**d.** la hoja de afeitar	**f.** la bomba de bencina

1. _____   3. _____   5. _____

2. _____   4. _____   6. _____

Actividad B Escuche y escoja.

1. a b c   **3.** a b c   **5.** a b c

2. a b c   **4.** a b c   **6.** a b c

Comprensión

Actividad C Escuche.

Actividad D Diga.

COMO AGUA PARA CHOCOLATE

Vocabulario

Actividad A Escuche y escoja.

1. a b c   **3.** a b c   **5.** a b c

2. a b c   **4.** a b c

Comprensión

Actividad B Escuche.

Actividad C Escuche y conteste.

1. **a.** Pedro y Tita.   **b.** Rosaura y Tita.   **c.** Pedro y Rosaura.

2. **a.** Cuidarla hasta que se muera.   **b.** Ayudarle en la cocina.   **c.** Escribir sus recetas.

3. **a.** Con la madre de Tita.   **b.** Con Tita.   **c.** Con Rosaura.

4. **a.** La novela.   **b.** El amor de Pedro.   **c.** Las recetas.

UN POCO MÁS

Actividad A   Escuche y escoja.

1. **a.** Tita.   **b.** Rosaura.   **c.** La madre de   **d.** Pedro.
                                              Tita y Rosaura.

2. **a.** Tita.   **b.** Rosaura.   **c.** La madre de   **d.** Pedro.
                                              Tita y Rosaura.

3. **a.** Tita.   **b.** Rosaura.   **c.** La madre de   **d.** Pedro.
                                              Tita y Rosaura.

4. **a.** Tita.   **b.** Rosaura.   **c.** La madre de   **d.** Pedro.
                                              Tita y Rosaura.

Actividad B   Los días de clase de Carla   Escuche y escoja.

1. ¿A qué hora se levanta Carla?

    a. A las 5:45.   **b.** A las 6:15.   **c.** A las 6:45.

2. ¿Cuántas horas de clase tiene Carla en total cada día?

    a. Tres.   **b.** Cinco.   **c.** Siete.

3. ¿Cuántos cursos toma ella?

    a. Dos o tres.   **b.** Cuatro o cinco.   **c.** Siete u ocho.

4. ¿Cuál es el curso que más le gusta a Carla?

    a. Psicología.   **b.** Geografía.   **c.** Sociología.

5. ¿A qué hora sale ella de la escuela por la tarde?

    a. A las 12:00.   **b.** A la 1:00.   **c.** A las 2:00.

6. ¿Dónde toma el almuerzo Carla durante la semana?

    a. En casa.   **b.** En la escuela.   **c.** En un restaurante.

Actividad C Los días de clase de Pascual   Escuche y escoja.

1. ¿A qué hora se despierta Pascual?

    a. A las 6:00. **b.** A las 7:00. **c.** A las 8:00.

2. ¿Qué hace Pascual rápidamente?

    a. Se ducha. **b.** Se duerme. **c.** Se despierta.

3. ¿A qué hora tiene que entrar en la escuela Pascual?

    a. A las 8:15. **b.** A las 8:45. **c.** A las 9:15.

4. ¿Qué es lo que dura unos 15 minutos?

    a. El desayuno. **b.** El almuerzo. **c.** El descanso.

5. ¿Qué idioma está estudiando Pascual?

    a. El inglés. **b.** El francés. **c.** El alemán.

6. ¿Cuántos cursos tiene él?

    a. Tres o cuatro. **b.** Cinco o seis. **c.** Siete o más.

7. ¿A qué distancia de la escuela está la casa de Pascual?

    a. 20 metros. **b.** 200 metros. **c.** 2.000 metros.

8. ¿Cómo va Pascual a la escuela?

    a. En bus escolar. **b.** En moto. **c.** A pie.

9. ¿Cuál es el viaje más largo que hace Pascual en moto normalmente?

    a. 2 ó 3 kilómetros. **b.** 10 ó 15 kilómetros. **c.** 20 ó 30 kilómetros.

Actividad D Los fines de semana de Carla   Escuche y complete.

1. Siempre hay fiestas las noches del _____ y del

   _____ .

2. Ella y sus amigos se sientan en el porche de un restaurante bonito para

   tomar algo y para _____ .

3. En las fiestas, en comparación con los EE.UU., lo que hacen mucho los

   jóvenes es _____ .

4. El restaurante favorito de Carla es un restaurante _____ .

5. Además de comida deliciosa, el restaurante tiene una preciosa vista de la

   _____ .

Actividad E Los fines de semana de Pascual   Escuche y complete.

1. Durante la semana Pascual no hace más que _____ .

2. Los fines de semana Pascual trata de olvidarse de los

   _____ .

3. Él va a las discotecas con los _____ .

4. Pascual regresa de la escuela a las 2:15 y entonces

   _____ .

5. Él y su familia se reúnen en la sala por la tarde para tomar café y mirar la

   _____ .

6. Pascual y sus hermanos salen juntos a jugar o simplemente a

   _____ .

7. Obviamente, el deporte favorito de Pascual es el

   _____ .

CAPÍTULO **3**

Pasatiempos

CULTURA

El tiempo libre

Vocabulario

Actividad A ¿De qué se habla? Escuche y escoja.

a.	la fiesta	**c.**	el disparo	**e.**	el desfile
b.	la acera	**d.**	el santo patrón		

1. _____

2. _____

3. _____

4. _____

5. _____

Actividad B Definiciones Escuche y escoja.

a.	el varón	**c.**	el ayuno	**e.**	el mozo	**g.**	tranquilo
b.	acabar	**d.**	la comparsa	**f.**	el cabestro	**h.**	el danzarín

1. _____

2. _____

3. _____

4. _____

5. _____

6. _____

7. _____

8. _____

Comprensión

Actividad C   Escuche y escoja.

_____   _____   _____

_____   _____

Actividad D   Las fiestas   Escuche y escoja.

a. San Juan   **b.** los sanfermines   **c.** carnaval   **d.** la Virgen de Guadalupe

1. _____   **3.** _____

2. _____   **4.** _____

Actividad E   Escuche y escoja.

1. sí   no   **5.** sí   no

2. sí   no   **6.** sí   no

3. sí   no   **7.** sí   no

4. sí   no   **8.** sí   no

CONVERSACIÓN

El teatro

Vocabulario

Actividad A Escuche y escoja.

1. a   b   c
2. a   b   c
3. a   b   c
4. a   b   c
5. a   b   c
6. a   b   c

Comprensión

Actividad B Una obra de teatro   Escuche.

Actividad C Escuche y conteste.

Actividad D Durante el descanso   Escuche.

Actividad E Escuche y escoja.

1. a   b   c   4. a   b   c
2. a   b   c   5. a   b   c
3. a   b   c   6. a   b   c

LENGUAJE

Actividad A Escuche y responda.

Actividad B Ahora lo negativo   Escuche y responda.

Actividad C Ni fu ni fa. Está aburrido. Escuche y responda.

Actividad D Escuche y responda.

REPASO DE ESTRUCTURA

Actividad A ¿A quién? Escuche y conteste.

1. a Carolina
2. a nosotros
3. a ti
4. a los niños pequeños
5. a las hermanas de Felipe
6. a mí

Actividad B ¿Qué? Escuche y conteste.

1. dinero
2. dinero también
3. recibir buenas notas
4. todo

Actividad C Escuche y conteste.

1. a   b
2. a   b
3. a   b
4. a   b
5. a   b

Actividad D Su escuela Escuche y conteste.

Actividad E Escuche y conteste.

1. aburrida
2. aburridos
3. enfermo
4. enferma
5. cansados
6. triste
7. sí / listos
8. sí / lista

Actividad F ¿Cuándo y dónde? Escuche y conteste.

1. sábado / estadio
2. 8:00 / el centro
3. domingo / el parque
4. en dos semanas / la capital

Actividad G La ropa Escuche y conteste.

1. algodón
2. lana
3. seda
4. cuero

Actividad H En el teatro   Escuche y conteste.

Ejemplo: *(You hear)*   ¿Ahora qué debo hacer?
           (You see)   encender las luces
           (You say)   Encienda Ud. las luces.

1. encender las luces
2. llamar a los actores
3. levantar el telón
4. avisar a los músicos

5. hacer unos anuncios
6. vender los refrescos
7. abrir las puertas

Actividad I   ¿Qué hago?   Escuche y conteste.

Ejemplo: *(You hear)*   Estoy aburrido. ¿Qué hago?
           (You see)   mirar la tele
           (You say)   Mira la tele.

1. mirar la tele
2. comer algo
3. tomar una siesta
4. pedir más

5. beber algo caliente
6. tener cuidado
7. venir temprano

Actividad J   ¿Cómo se usa el teléfono público?   Escuche y conteste.

Ejemplo: *(You hear)*   No sé usar el teléfono público aquí. ¿Qué hago primero?
           (You see)   descolgar el auricular
           (You say)   Descuelgue Ud. el auricular.

1. descolgar el auricular

2. esperar la señal

3. meter la moneda en
    la ranura

4. marcar el número

5. hablar

Actividad K   Pues, nada   Escuche y conteste.

Ejemplo: *(You hear)*   Te digo que no, que no voy a ir.
           (You say)   Pues, nada. No vayas.

PERIODISMO

El wind surf: *Wind surf: agua, aire ¡y diversión!*

Vocabulario

Actividad A Escuche e identifique.

Actividad B Definiciones   Escuche y escoja.

a.	el chaleco	**d.**	el calzón	**g.**	la vela	**j.**	la suela
b.	la tabla	**e.**	el calentamiento	**h.**	las sentadillas	**k.**	el salto
c.	la ola	**f.**	los tenis	**i.**	los estiramientos		

1. _____   7. _____

2. _____   8. _____

3. _____   9. _____

4. _____   10. _____

5. _____   11. _____

6. _____

Actividad C Definiciones   Escuche y escoja.

1. a   b   c

2. a   b   c

3. a   b   c

4. a   b   c

5. a   b   c

Comprensión

Actividad D El *wind surf*   Escuche y escoja.

1. a   b   c   4. a   b   c

2. a   b   c   5. a   b   c

3. a   b   c   6. a   b   c

Actividad E   Escuche y conteste.

Un poco más

Actividad A   Escuche y escoja.

1. Estarán celebrando _____ .
   a. el carnaval   **b.** el *wind surf*   **c.** los sanfermines

2. Estarán tomando parte en _____ .
   a. el carnaval   **b.** el *wind surf*   **c.** los sanfermines

3. Ellas están hablando _____ .
   a. del carnaval   **b.** del *wind surf*   **c.** de los sanfermines

4. Estarán en _____ .
   a. un museo   **b.** un cine   **c.** una fiesta

5. Hablan de _____ .
   a. la zarzuela   **b.** los deportes   **c.** una sinfonía

6. Están en _____ .
   a. la ópera   **b.** el cine   **c.** el teatro

Actividad B Escuche y escoja.

TVE-1

- **7,00 Carta de ajuste.**
- **7,29 Apertura y presentación.**
- **7,30 Pinnic.**
- **11,00 MacGyver.** «Los forasteros». Dirección: Michael Vejar. Guión: Michelle Poette. Intérpretes: Richard Dean Anderson, Dana Elcar, Allan Lyssen, Ruth de Sosa. Por un accidente automovilístico, MacGyver se ve obligado a permanecer varios días junto a una extensa familia judía, a quienes los constructores de una carretera intentan desahuciar sus tierras.
- **12,00 Lo mejor de la semana.** «Objetivo indiscreto» (repetición). (12,00.) «Corazón, corazón» (repetición). (12,30.) «Vídeos de 1.ª» (repetición). (13,30.)
- **14,00 La hora de Bill Cosby.**
- **14,30 El oso Rupert.**
- **15,00 Telediario 1.**
- **15,27 El tiempo.**
- **15,30 Bugs Bunny y sus amigos.** «Los huevos».
- **16,00 Sesión de tarde para todos.** «Oz, un mundo fantástico».
- **18,00 Segunda sesión.** «Corazón de cristal».
- **19,50 Informe semanal.** Realización: Luis Martín del Olmo. Producción: Ricardo Iznaola. Presentación: Mari Carmen García Vela. Edición: Fernando López Agudín.
- **20,55 Colorín, colorado.**
- **21,00 Telediario 2.**
- **21,27 El tiempo.**
- **21,30 La película de la semana.** «El triunfo del espíritu».
- **23,40 Estudio estadio.**
- **0,40 Cine de medianoche.** «La piovra (V)». Corrado, que se ha ido enamorando poco a poco de la juez, es apartado temporalmente del servicio, a raíz de una valiente denuncia, que no puede sostener al fallarle las pruebas.
- **2,15 Diga 33.**
- **2,45 Despedida y cierre.**

Ciudad Encantada

CUENCA

Nº · 003939

C.M.U. San Juan Evangelista
Ciudad Universitaria - Madrid   Nº

Día
Sesión
Recital/Concierto

CLUB DE MUSICA Y JAZZ
(DESDE 1970)   SAN JUAN EVANGELISTA, MADRID

Actividad C Escuche y conteste.

EL INAEM DEL MINISTERIO DE CULTURA, LA JUNTA DE EXTREMADURA, LA COMUNIDAD Y EL AYUNTAMIENTO DE MADRID, JOSE TAMAYO Y MANUEL COLLADO
OFRECEN LAS REPRESENTACIONES DE LOS DIAS 9 Y 10 DE MAYO A LAS 10,30 DE LA NOCHE COMO HOMENAJE A JOSE MARIA RODERO.

TEATRO BELLAS ARTES
Director JOSE TAMAYO

AMPARO BARO
FERNANDO DELGADO   **MANOLO ANDRES**
NANCHO NOVO   **NATALIA MILLAN**

hazme de la noche un cuento
original de Jorge Márquez.

COPRODUCE JUNTA DE EXTREMADURA Y COMUNIDAD DE MADRID

Actividad D Escuche y conteste.

NUEVO TEATRO APOLO

Gráf. BOSTON · 471 27 79

I.V.A. incluido 6 %   HERPA, S. A. · C.I.F.: A-46/24027-1

NOCHE

Entresuelo
FILA **8**   NUM. **22**

ESTRUCTURA

Actividad A Escuche y conteste.

1. tres años   3. seis meses

2. ocho meses   4. dos años

Actividad B Escuche y conteste.

Ejemplo: *(You hear)*   ¿Compraste las entradas?
            (You say)   Sí, acabo de comprarlas.

Actividad C Escuche y conteste.

Ejemplo: *(You hear)*   ¿Vinieron los amigos?
            (You say)   No, aunque queríamos que vinieran.

Actividad D Escuche y conteste.

Ejemplo: *(You hear)*   ¿Por qué cambiaron el dinero?
            (You see)   era necesario
            (You say)   Era necesario que lo cambiaran.

1. era necesario

2. yo insistí

3. Papá les aconsejó

4. yo les recomendé

Actividad E Escuche y conteste.

Ejemplo: *(You hear)*   ¿Conoces a alguien que hable chino?
            (You see)   sí
            (You say)   Sí, conozco a alquien que habla chino.

Ejemplo: *(You hear)*   ¿Conoces a alguien que hable chino?
            (You see)   no
            (You say)   No, no conozco a nadie que hable chino.

1. no

2. sí

3. sí

4. no

LITERATURA

EL TANGO: *ADIÓS MUCHACHOS*

Vocabulario

Actividad A   Escuche y escoja.

 _____

 _____

 _____

 _____

 _____

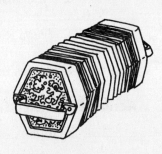 _____

Actividad B   Definiciones   Escuche y escoja.

a. el recuerdo   **c.** alejarse   **e.** idolatrar
b. acudir   **d.** disfrutar

1. _____   4. _____

2. _____   5. _____

3. _____

Actividad C Escuche.

Actividad D Escuche y escoja.

      1. a b c   **4.** a b c

      2. a b c   **5.** a b c

      3. a b c

MI ADORADO JUAN

Vocabulario

Actividad A Escuche y escoja.

_____

_____

_____

_____

Actividad B Escuche y escoja.

      1. a b c   **7.** a b c

      2. a b c   **8.** a b c

      3. a b c   **9.** a b c

      4. a b c   **10.** a b c

      5. a b c   **11.** a b c

      6. a b c   **12.** a b c

Nombre _____ Fecha _____

Comprensión

Actividad C Escuche.

Actividad D Descripciones   Escuche y escoja.

	IRENE	EL PADRE	MANRÍQUEZ	EL ADORADO JUAN
1.	_____	_____	_____	_____
2.	_____	_____	_____	_____
3.	_____	_____	_____	_____
4.	_____	_____	_____	_____
5.	_____	_____	_____	_____
6.	_____	_____	_____	_____

Actividad E Escuche y conteste.

serio	holgazán	formal
informal	independiente	irresponsable
inteligente	responsable	descontenta
estricto		

Actividad F ¿Quién lo dice?   Escuche y escoja.

	IRENE	EL PADRE	MANRÍQUEZ	EL ADORADO JUAN
1.	_____	_____	_____	_____
2.	_____	_____	_____	_____
3.	_____	_____	_____	_____
4.	_____	_____	_____	_____
5.	_____	_____	_____	_____
6.	_____	_____	_____	_____
7.	_____	_____	_____	_____

Un poco más

Actividad A Escuche y escoja.

19 DOMINGO

ARTE

Equipo 57. Primera retrospectiva dedicada al colectivo de artistas que desde la abstracción geométrica fueron el contrapunto del informalismo del grupo El Paso. La exposición reconstruye las cinco muestras más importantes hechas por el Equipo 57.
Madrid. *Museo Nacional Centro de Arte Reina Sofía. Hasta el 8 de abril.*

TEATRO

«Tom Sawyer». La compañía La Trepa lleva a escena las aventuras de Tom Sawyer y de su gran amigo Huckleberry Finn, convertidos por el escritor Twain en héroes de la novela juvenil.
Barcelona. *Jove Teatre Regina. Séneca, 22.600 pesetas. Hasta el 14 de abril.*

EXPOSICIÓN

Bonsai. Los mejores ejemplares de *bonsai* que existen en España se exponen en el monasterio de San Juan de Burgos, coincidiendo con el II Congreso Nacional, que se clausura hoy.
Burgos. *Monasterio de San Juan.*

20 LUNES

ÓPERA

Donizetti. Un clásico de Donizetti, *L'elisir de amore*, abre la temporada de la Asociación Bilbaína de Amigos de la Ópera, con la soprano Ruth Ann Swenson y el tenor Vincenzo La Scola encabezando el cartel.
Bilbao. *Teatro Coliseo Albia. A las 20.00. De 2.300 a 8.300 pesetas.*

ZARZUELA

«La canción del olvido.» Dos atractivos especiales tienen las funciones de la zarzuela *La canción del olvido*: el debú escénico en Madrid de la soprano Ainhoa Arteta, ganadora de los concursos de nuevas voces del Metropolitan de Nueva York, y la puesta en escena de Pier Luigi Pizzi.
Madrid. *Teatro de la Zarzuela. A las 20.00.*

COMIC

«The spirit». Todo un clásico. Eisner da en cada página, en cada rostro y en cada sombra una auténtica lección de dibujo. Esta nueva edición respeta el orden cronológico original.
Will Eisner. *Norma Editorial. 250 pesetas.*

21 MARTES

DISCOS

Prince. Prince presume, entre otras muchas cosas, de tener una capacidad creativa inagotable. Su nuevo disco, un gran éxito doble, rompe las normas incluyendo cinco canciones inéditas. Además, se lanza una versión con un tercer disco con las caras B de los sencillos.
«The Hits / B sides». *Discos WEA. 2.800 pesetas.*

DANZA

Baile español. María Vivó y Joaquín Ruiz son dos bailarines que han trabajado en las mejores compañías de baile español y flamenco. Ahora presentan su propia compañía, integrada también por Charo Espino y Bruno Argenta.
Madrid. *Centro Cultural de la Villa. A las 22.30. 1.400 pesetas. Hasta el 26 de mayo.*

FÚTBOL

Albania-España. Fase de clasificación para el Mundial 94. España necesita la victoria si quiere seguir soñando con su pase a la fase final del campeonato de los Estados Unidos.
La 2. *a las 18.30.*

22 MIÉRCOLES

CONCIERTO _____

Fiestas de la Mercé. Rebeldes, Gary Moore, Joaquín Sabina, Héroes del Silencio y Pep Sala son una pequeña parte del gran popurrí de actuaciones que pondrán los ritmos más variados a los festejos de la Mercé.

Barcelona. *Actuaciones en el Palau Sant Jordi y Mercat de les Flors, Estandard, Otto Zutz y Studio 54.*

MÚSICA _____

Montserrat Caballé. La soprano catalana prosigue su camino de llegar a públicos cada vez más numerosos con una mezcla de arias de ópera populares y canciones ligeras.

Madrid. *Plaza de toros de Las Ventas.*

CINE _____

«El fugitivo». Un *remake* de la famosísima serie de televisión de los años sesenta en el que Harrison Ford sustituye a David Jansen. Carreras, persecuciones, caídas, jadeos, huidas y estrés a tope bajo la dirección de Andrew Davis.

23 JUEVES

CINE _____

«El mariachi». Una muestra inmejorable de cómo se puede hacer buen cine con poco dinero, menos medios y mucha imaginación. El debutante Robert Rodríguez se ha metido a Hollywood en el bolsillo con esta divertida comedia.

CONCIERTO _____

Fishbone. Bombardeo en directo de rock-*funk-reggae*, a cargo de esta banda californiana que ha hecho célebre su álbum *Dale un cerebro a un mono y jurará que es el centro del universo.*

Barcelona. *Zeleste. Sala 1. Almogávares, 122. A las 22.00. 2.500 pesetas.*

GOLF _____

«Ryder Cup». Primera jornada. Los mejores golfistas de los EE.UU. frente a los mejores de Europa. Una tradicional competición que se disputa cada dos años.

Canal +. *A las 23.53*

ZARZUELA _____

Antología. Un gran despliegue escénico sobre las piezas más representativas de la zarzuela por la Compañía Lírica Amadeo Vives, dirigida por José Tamayo.

Barcelona. *Teatro Victoria. Paralelo, 67. De 1.800 a 3.000 pesetas. Hasta el 14 de noviembre.*

24 VIERNES

GOSPEL _____

Sissel Kyrkjebo. Es la voz joven más versátil y popular en Escandinavia. Ha cantado con el coro de Harlem y su último disco lo ha producido en Los Ángeles el legendario Neil Sedaka.

Barcelona. *Plaza de la Catedral. A las 22.00. Entrada libre.*

CINE _____

«Huevos de oro». Bigas Luna mezcla huevos fritos, chorizo, ambición, mujeres, drama y surrealismo a partes iguales, ayudado por un reparto de excepción: Javier Bardem, Maribel Verdú, María de Medeiros, Elisa Touati, Rachel Bianca y Alessandro Gassman.

Barcelona. *Zeleste. Sala 1. Almogávares, 122. A las 22.00. 2.500 pesetas.*

POP _____

Bel canto. Percusión con ritmos de Asia, África y América para este dúo de pop-rock de la Europa del Norte, formado por la voz brillante de Anneli Marian Drecker y la electro-acústica de Nils Johansen.

Barcelona. *Studio 54. Paralelo. A las 22.30. Entrada libre.*

LIBROS _____

«La tesis once». Para dilucidar si es o no cierto que los filósofos deben y pueden cambiar el mundo, el autor ha puesto en pie una novela actual que se atreve a abordar el tema del terrorismo en la España de hoy.

Francisco Arroyo. *Editorial Plaza & Janés. 1.795 pesetas.*

Actividad B Los pasatiempos de Carla Escuche y escoja.

1. Si Carla quiere ponerse en contacto con las amigas, ella _____ .
    a. va a la escuela a buscarlas
    b. les escribe
    c. las llama por teléfono

2. A ella le gustan los deportes, el tenis y _____ .
    a. los aeróbicos
    b. el fútbol
    c. el vólibol

3. Una cosa que no le gusta mucho a Carla y que ella no considera parte de su

    cultura es _____ .
    a. el tenis
    b. el cine
    c. la natación

4. En cuanto a la televisión, ella dice que prefiere mucho más _____ .
    a. ir al cine
    b. jugar al vólibol
    c. leer un libro

5. El libro que más le ha gustado recientemente a Carla es del autor _____ .
    a. Gabriel García Márquez
    b. Jorge Luis Borges
    c. Mario Vargas Llosa

6. El libro se llama _____ .
    a. *Ficciones*
    b. *Fantasmas*
    c. *Infamias*

7. A ella le gusta mucho el libro a pesar de que lo encuentra muy _____ .
    a. complicado
    b. fácil
    c. triste

8. La persona en su familia con quien a ella no le gusta mucho salir es _____ .
    a. su hermana menor
    b. su hermano menor
    c. su hermano mayor

Actividad C Los pasatiempos de Pascual   Escuche y escoja.

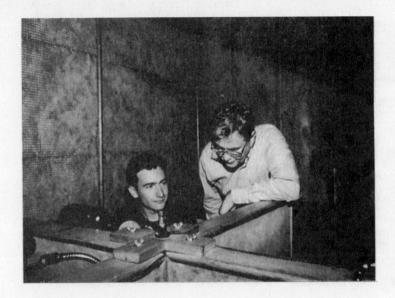

1. Pascual juega al fútbol con _____ .
    a. un solo equipo   **b.** dos equipos   **c.** una serie de equipos

2. El equipo de fútbol de su colegio tiene el nombre de _____ .
    a. el Prado   **b.** Ciudad Real   **c.** el Partido

3. Con el equipo Carrión, Pascual juega _____ .
    a. una vez al mes   **b.** los fines de semana   **c.** todos los días

4. Pascual mira _____ televisión.
    a. ninguna   **b.** muy poca   **c.** mucha

5. Una cosa que le gusta mucho en la televisión son los reportajes sobre _____ .
    a. deportes   **b.** animales   **c.** política

6. En Navidad y ocasiones similares, Pascual cree que es bonito ver _____ .
    a. las brillantes
        decoraciones
    b. los programas de
        televisión
    c. a todos los parientes
        reunidos

7. En las fiestas como Navidad, algunos de los platos que la familia de Pascual

    prepara son _____ .
    a. pescado y pollo   **b.** pavo y mariscos   **c.** arroz y carne

CAPÍTULO 4

Pasajes

CULTURA

Eventos y ceremonias

Vocabulario

Actividad A Definiciones y sinónimos   Escuche y escoja.

a.	hacerse cargo	**e.**	pertenecer a	**i.**	las amonestaciones
b.	dar a luz	**f.**	librarse	**j.**	la aparición
c.	protagonizar	**g.**	el alma	**k.**	el parto
d.	enterrar	**h.**	las esquelas	**l.**	el velorio

1. _____   **7.** _____

2. _____   **8.** _____

3. _____   **9.** _____

4. _____   **10.** _____

5. _____   **11.** _____

6. _____   **12.** _____

Actividad B Escuche y escoja.

1. a b c   **5.** a b c

2. a b c   **6.** a b c

3. a b c   **7.** a b c

4. a b c   **8.** a b c

Actividad C Escuche y corrija.

Ejemplo: *(You hear)*   La esquela es el anuncio de un nacimiento.
           (You say)   No. La esquela es el anuncio de una muerte.

Comprensión

Actividad D Escuche y escoja.

     1. a   b   **4.** a   b

     2. a   b   **5.** a   b

     3. a   b

Actividad E Escuche y conteste.

    Ejemplo: *(You hear)*   ¿Dónde es común que el padre acompañe a su esposa cuando ella da a luz? ¿En los EE.UU. o en los países hispanos?

                (You say)   En los EE.UU.

Actividad F Escuche y escoja.

_____

_____

HA FALLECIDO

Luis Esteban Pérez Rodríguez

Su madre Teodosa Rodríguez; su padre Bencito Pérez; sus hermanos Francisco, Manolo, Fabián, Vicente, Aydin, Rosita, Nieve y Victoria; sobrinos, primos, tíos y demás familiares, pasan por la pena de comunicar el sentido fallecimiento, acaecido ayer miércoles.
Su cadáver recibió cristiana sepultura en el cementerio de Cristo Rey.

_____

_____

CONVERSACIÓN

Ceremonias familiares

Vocabulario

Actividad A Escuche y escoja.

Actividad B Definiciones   Escuche y escoja.

a.	el camposanto	**d.**	el acompañamiento
b.	el entierro	**e.**	la viuda
c.	la pila	**f.**	la tumba familiar

1. _____   4. _____

2. _____   5. _____

3. _____   6. _____

Comprensión

Actividad C   El bautizo   Escuche.

Actividad D   ¿Sí o no?   Escuche y escoja.

1. sí   no

2. sí   no

3. sí   no

4. sí   no

5. sí   no

6. sí   no

7. sí   no

Actividad E   El matrimonio   Escuche.

Actividad F   Escuche y conteste.

Actividad G   El velorio   Escuche.

Actividad H   Escuche y escoja.

1. a   b   c

2. a   b   c

3. a   b   c

4. a   b   c

5. a   b   c

6. a   b   c

LENGUAJE

Actividad A   Diga.

STUDENT TAPE MANUAL
Copyright © Glencoe/McGraw-Hill

REPASO DE ESTRUCTURA

Actividad A Escuche y conteste.

Ejemplo: *(You hear)* ¿Piensas ir al bautizo?
(You see) sí / domingo
(You say) Sí, iré el domingo.

1. sí / domingo

2. sí / flores

3. sí / a las tres

4. no / después

Actividad B Escuche y conteste.

Ejemplo: *(You hear)* ¿Pepe sabe algo de la boda?
(You see) no / pronto
(You say) No, pero sabrá pronto.

1. no / pronto

2. no / mañana

3. no / pronto

4. no / esta noche

Actividad C Escuche y responda.

Ejemplo: *(You hear)* Ellos no van a ir a la boda.
(You say) Pero nosotros sí iremos.

Actividad D Escuche y responda.

Ejemplo: *(You hear)* Yo no voy a asistir al entierro.
(You say) Pues yo asistiría.

Actividad E   Escuche y conteste.

        Ejemplo: *(You hear)*   ¿Quién tendrá tiempo?
                             (You see)   Arnaldo
                             (You say)   Creo que Arnaldo tendría tiempo.

1. Arnaldo

2. nosotros

3. ellos

4. tú

5. las chicas

Actividad F   Escuche y conteste.

        Ejemplo: *(You hear)*   ¿Vas al bautizo?
                             (You say)   Ya dije que iría.

Actividad G   Escuche y escoja.

    1. a   b   c

    2. a   b   c

    3. a   b   c

    4. a   b   c

    5. **a**   b   c

    6. a   b   c

Actividad H   Escuche y conteste.

        Ejemplo: *(You hear)*   ¿José te dio el ramo?
                             (You say)   Sí, me lo dio.

Actividad I   Escuche y pregunte.

        Ejemplo: *(You hear)*   Tengo unos patines nuevos.
                             (You say)   ¿Quién te los compró?

Periodismo

La boda y el nacimiento

Vocabulario

Actividad A ¿De qué hablan?   Escuche y escoja.

a. el primogénito	**c.** el puro	**e.** la Infanta
b. la marcha	**d.** el comunicado	**f.** el parto

1. _____   3. _____   5. _____

2. _____   4. _____   6. _____

Actividad B Definiciones   Escuche y escoja.

a. el trono	**c.** desgraciado	**e.** entrañable
b. la madrugada	**d.** comedido	**f.** sensible

1. _____   3. _____   5. _____

2. _____   4. _____   6. _____

Actividad C Sinónimos   Escuche y escoja.

a. la boda   **b.** los novios   **c.** el brindis

1. _____   2. _____   3. _____

Comprensión

Actividad D ¿Sí o no?   Escuche y escoja.

1. sí   no   3. sí   no   5. sí   no   7. sí   no

2. sí   no   4. sí   no   6. sí   no

Actividad E La boda y el nacimiento   Escuche y conteste.

ANUNCIOS SOCIALES

Vocabulario

Actividad A Definiciones   Escuche y escoja.

a. participar	**d.** obsequiar
b. degustar	**e.** llevar a cabo
c. efectuar	**f.** lucir

1. _____   **4.** _____

2. _____   **5.** _____

3. _____   **6.** _____

Actividad B ¿De qué hablan?   Escuche y escoja.

a. los allegados	**g.** el Magisterio Fiscal
b. la abnegada	**h.** los concurrentes
c. la extinta	**i.** la cobijita
d. el marco	**j.** el festejo
e. el heredero	**k.** la cigüeña
f. el bisnieto	

1. _____   **7.** _____

2. _____   **8.** _____

3. _____   **9.** _____

4. _____   **10.** _____

5. _____   **11.** _____

6. _____

Comprensión

Actividad C ¿Qué es lo que celebran?   Escuche y escoja.

a. una boda	**c.** el aniversario de matrimonio
b. un «baby shower»	**d.** el aniversario de una muerte

1. _____   **3.** _____

2. _____   **4.** _____

UN POCO MÁS

Actividad A Escuche y escoja.

1. **a.** En la iglesia.   **b.** En una funeraria.   **c.** En un camposanto.

2. **a.** En un entierro.   **b.** En una boda.   **c.** En un bautizo.

3. **a.** En un velorio.   **b.** En un entierro.   **c.** En una boda.

4. **a.** En una boda.   **b.** En un «baby shower».   **c.** En un bautizo.

5. **a.** En una boda.   **b.** En un «baby shower».   **c.** En un bautizo.

Actividad B Más sobre la boda   Escuche.

Actividad C Escuche y complete.

1. Inmaculada Castellví fue la _____ que ofició la ceremonia.

2. No invitaron a la juez a la _____ .

3. Los chóferes habían transportado a los _____ .

4. A los chóferes les sirvieron _____ y escalopines.

5. El secreto que se guardó fue el lugar donde iban a pasar su luna

    _____ .

6. Ricardo Bofill tiene una casa en _____ .

7. También pensaban quizás ir a Polinesia o a la vieja y romántica

    _____ .

8. Pero nadie pudo _____ nada.

Actividad D Escuche y conteste.

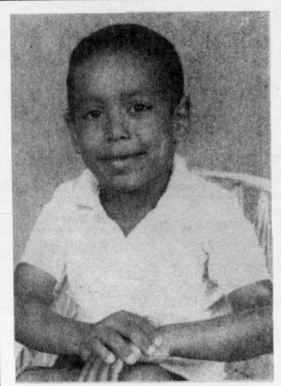

Manuel Enrique

Tus padres Ing. Manuel E. de la Cruz Martínez y Elisa Figueroa de De la Cruz, tus hermanitos Manuel Emilio y Mirta Amelia, damos gracias a Dios por permitir dejarnos verte crecer junto a todos nosotros. ¡Felicidades en tus 4 años!

Actividad E   Escuche y escoja.

AVISO RELIGIOSO

El esposo, hijos, hijos políticos, nietos, de la que en vida fue:

✝ SRA. PROF. ALICIA GUZMAN DE PLAZA

(Q.E.P.D.)

Invitan a los familiares, amigos, Magisterio Pasivo e Instituciones Culturales que perteneció, a la misa que recordando el Segundo Año de su sentido fallecimiento se celebrará el día viernes 12 del presente a horas 12 en la Catedral Metropolitana de Nuestra Señora de La Paz.
La asistencia vuestra será muy reconocida por la familia doliente.

La Paz, 11 de marzo

o-1610-0310/1

En la paz del Señor y confortada con los auxilios de la Santa Religión Católica ha dejado de existir la que en vida fue ejemplar esposa y abnegada madre y abuelita.

Sra. Albertina Rojas de Chávez

(Q.E.P.D.)

Andrés Abelino Chávez, esposo: Adolfo, Nelly, Armando, Ruth, Lourdes, Víctor, Julian Chávez, hijos: Víctor Cortez, Raquel, Mario, Betty, Viviana, hijos políticos.., Julio Rojas Durán, hermano, Catalina de Rojas, hermana política., los nietos, sobrinos y demás familia, invitan a sus amistades, en especial a los ex-trabajadores de Y.P.F.B., Beneméritos de la Guerra del Chaco, Residentes de Ilabaya, Vecinos de la zona El-Tejar, asistir a la Santa Misa que en su memoria, recordando los 8 días de su llorado fallecimiento se llevará a cabo el día de hoy jueves 11 del presente a hrs. 11 a.m. En el Templo del Cementerio General.
El duelo se despide en la puerta del Templo.

La Paz, marzo

o-1055-0310/1

COLEGIO DEPARTAMENTAL DE MEDICOS VETERINARIOS DE LA PAZ

Tiene el sentimiento de comunicar el fallecimiento en los EE.UU. de Norteamérica de su colegiado.

✝ DR. JUAN AYALA ARAUCO

(Q.E.P.D.)

Y se adhiere a la misa que en sufragio de su alma, se mandará oficiar el día de hoy jueves 11 a horas 18:00 en el Templo de San Juan de Dios (calle Loayza).

La Paz, 11 de marzo

o-1057-0310/1

BANCO DE LA PAZ

*LOS DIRECTORES Y EJECUTIVOS DEL BANCO DE LA PAZ S.A. LAMENTAN EL SENSIBLE FA-
LLECIMIENTO DE SU DILECTO AMIGO:*

✝SR. GUIDO QUIROGA QUIROGA

(Q.E.P.D.)

*Y SE UNEN EN EL DOLOR DE SU FAMILIA EXPRESANDO SUS MAS SENTIDAS Y SINCERAS
CONDOLENCIAS.*

LA PAZ, MARZO

I-2006-0310/1

La familia del que en vida fue ejemplar esposo, padre y abuelito:

✝ Prof. LUIS ALBERTO DE LA ROCHA ANGULO

(Q.E.P.D.)

*Invita a la misa que recordando los seis meses de su sensible falleci-
miento, mandará oficiar el día jueves 11 de marzo a Hrs. 11 en la Iglesia
de San Agustín (al lado de la Alcaldía Municipal).
Su asistencia comprometerá la gratitud de la familia doliente.*

La Paz, marzo

o-1000-00310/1

ESTRUCTURA

Actividad A   Escuche y conteste.

> Ejemplo: *(You hear)*   Tú vas a ir, ¿no?
> *(You see)*   a menos que
> *(You say)*   No, no voy a menos que tú vayas.

1.   a menos que / tú / ir

2.   sin que / yo / insistir

3.   a menos que / tus padres / aprobar

4.   sin que / tú / prometer volver temprano

Actividad B   Escuche y conteste.

> Ejemplo: *(You hear)*   ¿Cuándo saldrás?
> *(You see)*   tan pronto como / Pepe / llegar
> *(You say)*   Saldré tan pronto como Pepe llegue.

1.   tan pronto como / Pepe / llegar

2.   en cuanto / terminar / trabajo

3.   cuando / acabarse / material

4.   antes de que / llover

Actividad C   Escuche y conteste.

> Ejemplo: *(You hear)*   Hace muchísimo frío. ¿Vas a jugar?
> *(You say)*   Sí, voy a jugar aunque hace muchísimo frío.

Actividad D   Escuche y conteste.

> Ejemplo: *(You hear)*   ¿Vamos a ganar hoy?
> *(You see)*   ojalá
> *(You say)*   Ojalá que ganemos hoy.

1.   ojalá

2.   quizás

3.   tal vez

4.   quizás

5.   ojalá

Actividad E   Escuche y conteste.

> Ejemplo: *(You hear)*   ¿Ellos se lo van a decir?
> *(You say)*   Sí, van a decírselo.

Actividad F   Escuche y conteste.

> Ejemplo: *(You hear)*   ¿Debo invitar a las chicas?
> *(You say)*   Sí, invítalas.

Actividad G   Escuche y conteste.

> Ejemplo: *(You hear)*   ¿Debo invitar a las chicas?
> *(You say)*   No, no las invites.

LITERATURA

EL NIÑO AL QUE SE LE MURIÓ EL AMIGO

Vocabulario

Actividad A Escuche y escoja.

_____   _____   _____

_____   _____   _____

Comprensión

Actividad B Escuche y escoja.

1. a   b   c

2. a   b   c

3. a   b   c

4. a   b   c

5. a   b   c

COSAS DEL TIEMPO

Actividad A Escuche.

Actividad B Escuche y conteste.

EN PAZ

Vocabulario

Actividad A Sinónimos   Escuche y escoja.

a.	el ocaso	**e.**	fallidos
b.	la hiel	**f.**	inmerecido
c.	las lozanías	**g.**	rudo
d.	la faz		

1. _____   5. _____

2. _____   6. _____

3. _____   7. _____

4. _____

Actividad B Definiciones   Escuche y escoja.

a.	bendecir	**c.**	el néctar
b.	acariciar	**d.**	la miel

1. _____   3. _____

2. _____   4. _____

Comprensión

Actividad C En paz   Escuche.

Actividad D Paráfrasis   Escuche y escoja.

a. No me dijiste que mi juventud iba a durar para siempre.
b. Por supuesto, la vejez va a venir después de la juventud.
c. Yo mismo determiné cómo iba a ser mi vida.
d. La vida siempre me ha dado lo que en ella yo mismo puse.

1. _____   3. _____

2. _____   4. _____

Nombre _____ Fecha _____

Un poco más

Actividad A Una esquela interesante Escuche y conteste.

✝

EXCELENTISIMO SEÑOR
DON ALFREDO KINDELAN NUÑEZ DEL PINO
**MARQUES DE KINDELAN. CORONEL DE AVIACION.
DOCTOR INGENIERO AERONAUTICO**
FALLECIO EN MADRID
EL DIA 1 DE MAYO
Habiendo recibido los Santos Sacramentos

D. E. P.

Su esposa, Concepción Camp Ferrer (marquesa de Kindelán);
sus hijos, Alfredo y Oscar; hija política, Maria Cuéllar Reynolds;
nietos, Maria y Alfredo; hermanos, Ultano, Manolo e Isabel; hermanos políticos, sobrinos y demás familia, y su fiel Otilia
RUEGAN una oración por su alma.
El traslado de los restos mortales se efectuará hoy, día 2 de
mayo, a las nueve cuarenta y cinco horas, desde el Hospital del
Aire al cementerio de San Isidro.
(2)

Actividad B Un poema de Jorge Manrique Escuche.

Actividad C Escuche y conteste.

Actividad D   ¿A quién llamar?   Escuche y escoja.

Actividad E   Escuche y conteste.

Actividad F   Los bautizos   Escuche y escoja.

1. Carla se bautizó cuando tenía _____ .
   a. 3 meses   **b.** 1 año   **c.** 3 años

2. Ella dice que si se mueren los padres de un niño, entonces los que toman

   responsabilidad por el niño son los _____ .
   a. padrinos   **b.** abuelos   **c.** hermanos

3. Los padrinos de Pascual son _____ .
   a. sus tíos   **b.** sus abuelos   **c.** amigos de sus padres

Actividad G El amor y los novios Escuche y escoja.

1. Carla dice que en su país, normalmente, la gente se casa _____ .
    a. muy joven **b.** después de los 25 años **c.** muy viejos

2. La muchacha dice que después de que la novia les anuncia a sus padres

    que se quiere casar, ellos dan _____ .
    a. un anillo **b.** un baile **c.** una cena

3. Y el novio tiene que pedirle _____ de la novia a los padres.
    a. el nombre **b.** la mano **c.** un regalo

4. Ella dice que el anillo que el novio le da puede ser simplemente de oro

    o puede llevar _____ .
    a. plata **b.** un diamante **c.** perlas

5. Pascual dice que en España se casa entre los _____ .
    a. 20 y 25 años **b.** 25 y 29 años **c.** 29 y 35 años

6. En España los novios se conocen, generalmente, en las _____ .
    a. iglesias **b.** fiestas **c.** escuelas

Actividad H La boda Escuche y escoja.

1. Carla tomó parte en una boda. Ella fue dama de _____ .
    a. amor **b.** boda **c.** vestido

2. El vestido que llevaba Carla era de color _____ .
    a. negro **b.** blanco **c.** rojo

3. La boda en que sirvió de dama de amor fue la boda de su _____ .
    a. hermana **b.** prima **c.** tía

4. En esa boda, la novia tenía 18 años y el novio tenía _____ años.
    a. 21 **b.** 23 **c.** 26

5. Una obligación de los padrinos en la boda es la de _____ .
    a. dar el mejor regalo **b.** llevar los anillos **c.** pagar todos los gastos

6. Pascual dice que la misa de boda es diferente porque _____ .
    a. se concentra en las responsabilidades del matrimonio **b.** se celebra ante un grupo de personas muy grande **c.** no se les permite asistir a personas que no son de la familia

Actividad I   Otras fiestas   Escuche y complete.

1. Durante las fiestas de Santo Domingo hay exposiciones de ganado y de

    _____ .

2. En la plaza hay corridas de _____ .

3. Las fiestas de Ciudad Real, donde vive Pascual, son en el mes de

    _____ .

4. El gobierno de Ciudad Real, durante las fiestas, contrata a grupos de

    _____ .

5. Durante las fiestas de Ciudad Real, los jóvenes bailan mucho y

    _____ poco.

Actividad J   Velorios y funerales   Escuche y escoja.

1. En Ecuador se lleva al muerto desde la iglesia al cementerio en _____ .
    a. un automóvil especial   **b.** los hombros de las   **c.** un coche de
                                            personas   caballos

2. Carla dice que los velorios pueden tener lugar en la casa del muerto o

    en _____ .
    a. la iglesia   **b.** casas funerales   **c.** el cementerio

3. Los velorios, según Carla, pueden durar _____ .
    a. día y medio o dos días   **b.** tres días   **c.** una semana

4. En España se lleva al muerto a la iglesia y luego al cementerio. En el

    cementerio le dan al muerto el último _____ .
    a. adiós   **b.** saludo   **c.** velorio

CAPÍTULO **5**

Sucesos y acontecimientos

CULTURA

Acontecimientos históricos

Vocabulario

Actividad A Definiciones y sinónimos Escuche y escoja.

- **a.** la flotilla
- **b.** la desembocadura
- **c.** la tripulación
- **d.** el apoyo
- **e.** renombrado
- **f.** imprescindible
- **g.** redondo
- **h.** desembarcar

1. _____

2. _____

3. _____

4. _____

5. _____

6. _____

7. _____

8. _____

STUDENT TAPE MANUAL
Copyright © Glencoe/McGraw-Hill

Actividad B Escuche y escoja.

_____   _____   _____

_____   _____

Comprensión

Actividad C Los españoles en la América del Norte   Escuche y escoja.

1. **a.** Bartolomé Ferrelo   **b.** Sebastiano Caboto   **c.** Cristóbal Colón

2. **a.** San Agustín, Florida   **b.** Santa Bárbara,   **c.** Jamestown,
                                         California   Virginia

3. **a.** Juan Ponce de León   **b.** Hernán de Soto   **c.** Fortún Jiménez

4. **a.** Giovanni Caboto   **b.** Cristóbal Colón   **c.** Bartolomé Ferrelo

5. **a.** La Pinta   **b.** La Niña   **c.** La Santa María

6. **a.** Los Caboto   **b.** Los de Soto   **c.** Los Pinzón

Actividad D ¿De qué hablan?   Escuche y escoja.

1. a   b   c   3. a   b   c

2. a   b   c   4. a   b   c

CONVERSACIÓN

Un crimen

Vocabulario

Actividad A Definiciones   Escuche y escoja.

a. empujar	**f.** el bolsillo
b. quitar	**g.** el robo, el crimen
c. cortar	**h.** la cartera
d. la comisaría	**i.** el carterista
e. el truco	

1. _____   6. _____

2. _____   7. _____

3. _____   8. _____

4. _____   9. _____

5. _____

Comprensión

Actividad B En la comisaría   Escuche.

Actividad C ¿Sí o no?   Escuche y escoja.

1. sí   no   5. sí   no

2. sí   no   6. sí   no

3. sí   no   7. sí   no

4. sí   no

LENGUAJE

Actividad A Escuche y responda.

Actividad B Escuche y responda.

Actividad C Escuche y responda.

Actividad D Escuche y responda.

REPASO DE ESTRUCTURA

Actividad A Escuche y conteste.

Ejemplo: *(You hear)*   ¿Vas a comer?
             (You say)   No. Ya he comido.

Actividad B Escuche y conteste.

Ejemplo: *(You hear)*   Lo escribieron, ¿verdad?
             (You say)   Sí, lo han escrito.

Actividad C Escuche y conteste.

Ejemplo: *(You hear)*   ¿Has visto a alguien?
             (You say)   No, no he visto a nadie.

Actividad D Escuche y conteste.

Ejemplo: *(You hear)*   ¿Es gorda Alicia?
             (You see)   flaca
             (You say)   No es gorda sino flaca.

1. flaca

2. tacaño

3. listos

4. perezoso

5. aburrida

PERIODISMO
Los titulares

Vocabulario

Actividad A Escuche y escoja.

1. a b c

2. a b c

3. a b c

4. a b c

5. a b c

6. a b c

7. a b c

8. a b c

Actividad B Definiciones   Escuche y escoja.

a. aprobar
b. demandar
c. fracasar
d. reducir

1. _____

2. _____

3. _____

4. _____

Nombre _____ Fecha _____

Comprensión

Actividad C Escuche y escoja.

_____

Buenos Aires, martes 3 de octubre

El Clarín

LOS CHOFERES TRABAJAN A CÓDIGO DESDE LA MEDIANOCHE

Demoras en el servicio de colectivos

_____

Madrid, domingo 18 de junio **El País**

SANIDAD

El consumo de cigarrillos bajos en nicotina no reduce el riesgo de infarto

_____

Montevideo, lunes 17 de septiembre

 **El País** **LOS DOCENTES HARÁN PAROS EN EL INTERIOR**
En cambio, habrá clases en la Capital

_____

Madrid, martes 5 de enero **El País**

EL SUPREMO DE EE.UU. ABRE LA VÍA PARA QUE LAS VÍCTIMAS DEL TABACO DEMANDEN A LAS COMPAÑÍAS

LOS SUCESOS

Vocabulario

Actividad A Sinónimos Escuche y escoja.

a.	apoderarse de	**f.**	rescatar
b.	destruir	**g.**	el maleante
c.	sobrepasar	**h.**	la madrugada
d.	fallecer	**i.**	los damnificados
e.	ocasionar	**j.**	el fuego

1. _____   6. _____

2. _____   7. _____

3. _____   8. _____

4. _____   9. _____

5. _____   10. _____

Actividad B Escuche y escoja.

_____   _____   _____

_____   _____

Comprensión

Actividad C Escuche.

Actividad D Escuche y conteste.

Actividad E Escuche.

Actividad F Escuche y complete.

1. La noticia viene del estado mexicano de _____ .

2. El problema es una ola de intenso _____ .

3. Las temperaturas han subido a más de _____ grados centígrados.

4. A causa del calor, más de seis personas se han _____ .

5. Muchas otras personas han sufrido de la _____ .

6. En el pueblo de Bachiniva se murió un _____ de once meses.

7. Y en la ciudad de Chihuahua se murió una _____ .

Actividad G Escuche.

Actividad H Escuche y escoja.

1. a b c

2. a b c

3. a b c

4. a b c

5. a b c

Un POCO MÁS

Actividad A Escuche y escoja.

_____

Cientos mueren en accidentes durante feriado

_____

Lluvias, factor decisivo en desastre de Ecuador

_____

Cáritas de Córdoba crea una empresa para parados mayores de 45 años

_____

_____

427 trabajadores realizan huelga de hambre en el país

_____

Los vendedores ambulantes desafían al alcalde

ESTRUCTURA

Actividad A Escuche y conteste.

>   Ejemplo: *(You hear)* Número 0.
>   *(You see)* tú / salir
>   *(You say)* Cuando yo llegué, tú ya habías salido.

1. tú / salir **3.** ellos / comer **5.** ella / irse

2. él / llegar **4.** Uds. / acostarse **6.** Ud. / volver

Actividad B Escuche y conteste.

>   Ejemplo: *(You hear)* ¿Abrirlo?
>   *(You see)* ellos
>   *(You say)* Si ya lo han abierto.

1. ellos **3.** nosotros **5.** él

2. tú **4.** Uds. **6.** yo

Actividad C Escuche y conteste.

>   Ejemplo: *(You hear)* ¿Qué habría hecho Luis?
>   *(You see)* ayudar
>   *(You say)* Luis habría ayudado.

1. ayudar **3.** llamar **5.** responder

2. salir **4.** escaparse

Actividad D Escuche y conteste.

>   Ejemplo: *(You hear)* Para el año que viene, ¿qué habrás hecho tú?
>   *(You see)* recibir una beca
>   *(You say)* Yo habré recibido una beca.

1. recibir una beca **4.** casarse

2. terminar sus estudios **5.** ingresar en el ejército

3. hacer un viaje a Chile **6.** mudarse a otra ciudad

Actividad E Escuche y conteste.

>   Ejemplo: *(You hear)* ¿Es alto el edificio?
>   *(You say)* Sí, es altísimo.

LITERATURA

UN ROMANCE Y UN CORRIDO

Vocabulario

Actividad A   Escuche y escoja.

_____   _____   _____

_____   _____

Actividad B   Definiciones   Escuche y escoja.

a.	nacer	**e.**	la muerte	**i.**	la viuda
b.	labrar	**f.**	la laguna	**j.**	la huerta
c.	casarse	**g.**	los moros	**k.**	el cautivo
d.	gritar	**h.**	el golpe	**l.**	la mentira

1. _____   5. _____   9. _____

2. _____   6. _____   10. _____

3. _____   7. _____   11. _____

4. _____   8. _____   12. _____

Comprensión

Actividad C Escuche y escoja.

1. a   b   c

2. a   b   c

3. a   b   c

4. a   b   c

5. a   b   c

6. a   b   c

7. a   b   c

Actividad D «Abenámar»   Escuche.

Actividad E Escuche y conteste.

Actividad F «En Durango comenzó»   Escuche.

Actividad G Escuche y escoja.

1. a   b   c

2. a   b   c

3. a   b   c

4. a   b   c

5. a   b   c

Un poco más

Actividad A   Escuche y escoja.

Porfirio Díaz

_____

Francisco Madero

_____

Pancho Villa

_____

Emiliano Zapata

_____

Nombre _____ Fecha _____

Actividad B   Las noticias   Escuche y escoja

1. La noticia que le ha llamado la atención a Carla es _____.
   a. la Copa mundial   **b.** las guerras en Europa   **c.** la economía

2. La fuente de información más importante para la joven es _____.
   a. la televisión   **b.** los periódicos   **c.** la radio

3. El período histórico que le interesa mucho a Carla es _____.
   a. la Edad Media en Europa   **b.** la conquista y colonización de las Américas   **c.** la época contemporánea en Norte y Suramérica

4. Pascual recibe su información sobre el mundo de _____.
   a. la televisión solamente   **b.** los periódicos solamente   **c.** la televisión y los periódicos

5. Dos temas que menciona Pascual de los que hablan en su escuela son

   _____.
   a. la política y el baloncesto   **b.** el hambre y el crimen   **c.** las películas y la televisión

6. Pascual dice que su madre se afecta mucho cuando ve fotos de _____.
   a. su familia   **b.** gente que se muere de hambre   **c.** las víctimas de accidentes

7. Pascual piensa que los países ricos, ante la pobreza y el hambre, se

   quedan con los brazos cruzados, es decir que _____.
   a. no hacen nada   **b.** tratan de aliviar la miseria   **c.** ayudan a las víctimas a resolver sus propios problemas

8. En cuanto a la historia, Pascual dice que _____.
   a. es su gran pasión   **b.** le interesa muy poco   **c.** nunca la ha estudiado

Actividad C Los hermanos   Escuche y escriba.

1. ¿Cómo se llama la señorita? _____

2. ¿Cuántos años tiene ella? _____

3. ¿Dónde vive ella? _____

4. ¿En qué universidad es estudiante ella? _____

5. ¿Cómo se llama el joven? _____

6. ¿Cuál es su edad? _____

7. ¿Dónde vive y estudia? _____

Actividad D Los acontecimientos más importantes   Escuche y escoja.

1. Según Mauricio, ¿cuál es la opinión que tienen los españoles de las Naciones Unidas?

   a. favorable   **b.** neutral   **c.** desfavorable

2. ¿Qué opinión tiene Virginia de tener mujeres en las fuerzas militares?

   a. Ella cree que es una idea muy mala.

   b. Dice que si es una manera de igualar a las mujeres y los hombres, que está bien.

   c. Cree que el servicio militar debe ser obligatorio para hombres y mujeres.

STUDENT TAPE MANUAL
Copyright © Glencoe/McGraw-Hill

Actividad E   El crimen   Escuche y complete.

1. Mauricio dice que en España hay delincuencia pero poco crimen serio

    porque la población civil no tiene _____ .

2. Virginia una vez vio a alguien robar algo en el _____ .

3. A Virginia también una vez le robaron algo pero ella no hizo nada porque

    le dio _____ .

CAPÍTULO **6**

Los valores

CULTURA

Los valores

Vocabulario

Actividad A Definiciones y sinónimos   Escuche y escoja.

a. lanzarse	**d.** recoger
b. girar	**e.** hacerse cargo de
c. compartir	

1. _____

2. _____

3. _____

4. _____

5. _____

Actividad B ¿De qué están hablando?   Escuche y escoja.

a. la desconocida	**f.** la deshonra
b. el parentesco	**g.** los trapos
c. el ascenso	**h.** la gota
d. los recursos	**i.** el mendigo
e. el eje	

1. _____	6. _____
2. _____	7. _____
3. _____	8. _____
4. _____	9. _____
5. _____	

Comprensión

Actividad C Escuche y conteste.

Actividad D Escuche y escoja.

1. a   b   c

2. a   b   c

3. a   b   c

4. a   b   c

5. a   b   c

6. a   b   c

CONVERSACIÓN

El que invita paga

Vocabulario

Actividad A ¿De qué están hablando?   Escuche y escoja.

a. adivinar   d. el pelado
b. agradar   e. las monedas
c. dar vergüenza

1. _____

2. _____

3. _____

4. _____

5. _____

Comprensión

Actividad B Escuche.

Actividad C Escuche y conteste.

LENGUAJE

Actividad A Escuche y responda.

Ejemplo: *(You hear)* Número 0.
(You see)

(You say) Te invito a tomar café.

1.

2.

3.

Actividad B Escuche y responda.

Actividad C Escuche y responda.

Ejemplo: *(You hear)* Número 0.
(You see)

(You say) ¿Te apetece tomar un café?

1.

2.

3.

REPASO DE ESTRUCTURA

Actividad A Escuche y conteste.

> Ejemplo: *(You hear)* ¿Quién es abogada?
> *(You see)* Sra. Maldonado
> *(You say)* La señora Maldonado es abogada.

1. Sra. Maldonado   4. Srta. Obregón

2. Sres. Figueroa   5. Dr. Sánchez

3. Sr. Hinojosa   6. Profesora Ariza

Actividad B Escuche y conteste.

> Ejemplo: *(You hear)* Buenos días.
> *(You see)* Sra. Maldonado
> *(You say)* Buenos días, señora Maldonado.

1. Sra. Maldonado   4. Srta. Obregón

2. Sres. Figueroa   5. Dr. Sánchez

3. Sr. Hinojosa   6. Profesora Ariza

Actividad C Escuche y conteste.

LECCIONES Y DEBERES

	ASIGNATURAS	Exponer o Redactar	TEMAS
LUNES	Matemáticas		Ejercicios en la página 235.
MARTES	Historia		Leer el capítulo 9 y contestar las preguntas.
MIÉRCOLES	Inglés		Estudiar para el examen el jueves.
JUEVES	Química		Ir al laboratorio.
VIERNES	Lenguaje		Escribir una composición sobre mis metas personales.
SÁBADO	Geografía		Dibujar un mapa.
DOMINGO			

Actividad D Escuche y conteste.

Ejemplo: *(You hear)*   ¿Qué se ponen los obreros?
            (You see)

(You say)   Se ponen el casco.

1.   2.   3.

4.   5.   6.

Actividad E Escuche y conteste.

1. ingeniera
2. astronauta
3. dentistas
4. profesor
5. electricista
6. estudiantes

Actividad F Escuche y conteste.

1. ingeniera excelente
2. astronauta famosa
3. dentistas ricos
4. profesor dedicado
5. electricista formidable
6. estudiantes muy buenos

Actividad G Escuche y conteste.

Ejemplo: *(You hear)* ¿La mochila es para Sandra?
(You say) Sí, es para ella.

PERIODISMO

Una carta al director

Vocabulario

Actividad A ¿De qué hablan? Escuche y escoja.

a.	el carné	**e.**	el cargo
b.	el presupuesto	**f.**	rehusar
c.	el afecto	**g.**	autorizar
d.	el trayecto		

1. _____   5. _____

2. _____   6. _____

3. _____   7. _____

4. _____

Actividad B Escuche y escoja.

1. a   b   c   5. a   b   c

2. a   b   c   6. a   b   c

3. a   b   c   7. a   b   c

4. a   b   c

Comprensión

Actividad C Escuche.

Actividad D Escuche y escoja.

1. a   b   c   5. a   b   c

2. a   b   c   6. a   b   c

3. a   b   c   7. a   b   c

4. a   b   c

Actividad E Escuche y conteste.

LA INFLUENCIA DE LA FAMILIA

Vocabulario

Actividad A Definiciones y sinónimos Escuche y escoja.

a.	elegir	**e.**	estar dispuesto a
b.	vengar	**f.**	asemejarse
c.	fluir	**g.**	extrañar
d.	heredar	**h.**	aportar

1. _____   5. _____

2. _____   6. _____

3. _____   7. _____

4. _____   8. _____

Actividad B Escuche y escoja.

1. a b c   4. a b c

2. a b c   5. a b c

3. a b c   6. a b c

Comprensión

Actividad C El hijo de Paquirri Escuche.

Actividad D Escuche y escoja.

1. a b c

2. a b c

3. a b c

4. a b c

5. a b c

6. a b c

7. a b c

Actividad E Escuche y conteste.

Un poco más

Actividad A Plaza de Toros Las Ventas   Escuche y conteste.

Actividad B Los toros   Escuche y conteste.

Actividad C El carné de identidad   Escuche y conteste.

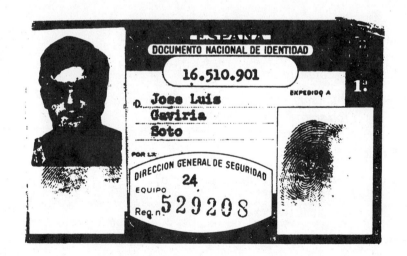

ESTRUCTURA

Actividad A Escuche y conteste.

Ejemplo: *(You hear)* ¿Marta ha recibido sus notas?
(You say) Es posible que haya recibido sus notas.

Actividad B Escuche y conteste.

Ejemplo: *(You hear)* ¿Rosalinda ha llegado?
(You say) No, no creo que haya llegado.

Actividad C Escuche y conteste.

Ejemplo: *(You hear)* ¿Qué temías?
(You see) ellos / volver
(You say) Que ellos hubieran vuelto.

1. ellos / volver

2. Juan / ganar

3. tú / salir

4. nosotros / renunciar

5. yo / ir

Actividad D Escuche y conteste.

Actividad E Escuche y conteste.

Ejemplo: *(You hear)* ¿Los libros son de Samuel?
(You say) Sí, son suyos.

Actividad F Escuche y conteste.

Ejemplo: *(You hear)* ¿Te gusta ese carro?
(You say) Sí, ése me gusta.

STUDENT TAPE MANUAL
Copyright © Glencoe/McGraw-Hill

Nombre _____ Fecha _____

LITERATURA

ZALACAÍN EL AVENTURERO

Vocabulario

Actividad A Escuche y escoja.

_____

_____

_____

_____

_____

_____

_____

_____

_____

Actividad B Definiciones y sinónimos   Escuche y escoja.

a. soñar
b. matar
c. habitar
d. adivinar
e. pertenecer
f. atravesar
g. asustar

1. _____   5. _____

2. _____   6. _____

3. _____   7. _____

4. _____

Comprensión

Actividad C Zalacaín   Escuche y conteste.

MI PADRE

Vocabulario

Actividad A Escuche y escoja.

 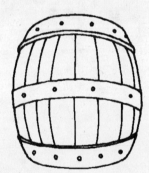 

_____   _____   _____

_____   _____

Actividad B Definiciones y sinónimos   Escuche y escoja.

a.	la hazaña	**f.**	la virtud
b.	tragar	**g.**	a hurtadillas
c.	el/la cobarde	**h.**	el escalofrío
d.	el aliento	**i.**	envidiar
e.	el temor	**j.**	aturdido

1. _____

2. _____

3. _____

4. _____

5. _____

6. _____

7. _____

8. _____

9. _____

10. _____

Comprensión

Actividad C Mi padre   Escuche y escoja.

1. a b c

2. a b c

3. a b c

4. a b c

5. a b c

Actividad D Mi padre   Escuche y conteste.

UN POCO MÁS

Actividad A Mire y cuente.

Actividad B ¿Qué son?   Escuche y escoja.

a. profesora	**d.** agricultor
b. autora	**e.** torero
c. guía	

1. _____   4. _____

2. _____   5. _____

3. _____

Actividad C La familia   Escuche y escoja.

  1. Virginia dice que ella y su familia son muy _____ .
     a. separadas   **b.** unidas

  2. Mauricio dice que las familias españolas de hoy, comparadas con las

      familias del pasado, son más _____ .
     a. pequeñas   **b.** grandes

  3. Según Mauricio, el descenso en la tasa de natalidad va a afectar _____ .
     a. al sistema escolar   **b.** a las fuerzas militares

  4. Carla cree que lo mejor que uno puede tener, el tesoro más apreciado es la

      _____ .

     a. educación   **b.** familia

  5. Carla nota que comparadas con las familias norteamericanas, las familias

      latinas son más _____ .
     a. cariñosas   **b.** formales

  6. Para Pascual, la familia es sencillamente _____ .
     a. importante   **b.** todo

Nombre _____ Fecha _____

Actividad D Otros valores   Escuche y escoja.

1. En la familia de Pascual un valor importante es _____ .
   a. la honradez   **b.** la valentía

2. Para Carla, los dos valores más importantes son

   _____ .

   a. la honestidad y la valentía   **b.** la amistad y la sinceridad

3. Los valores más importantes para Mauricio son _____ .
   a. la honradez y la sinceridad   **b.** la valentía y el individualismo

4. Mauricio cree que el concepto de «machismo» y las diferencias en el trato

   de las mujeres y los hombres está cambiando debido a _____ .

   a. la educación   **b.** la política

5. Virginia cree que el «machismo» tradicional todavía existe en la

   comunidad _____ .

   a. hispana   **b.** gitana

6. Cuando Virginia vino a los EE.UU. le sorprendió mucho la importancia

   que los norteamericanos dan a _____ .

   a. la bandera   **b.** sinceridad

STUDENT TAPE MANUAL
Copyright © Glencoe/McGraw-Hill

CAPÍTULO **7**

La salud y el bienestar

Cultura

Estadísticas sobre la salud

Vocabulario

Actividad A   Definiciones y sinónimos   Escuche y escoja.

a.	los alimentos	e.	alimenticio, alimentario
b.	inscribir	f.	pesquero
c.	estatal	g.	diario
d.	médico		

1. _____   5. _____

2. _____   6. _____

3. _____   7. _____

4. _____

Actividad B   Escuche y escoja.

Nombre _____ Fecha _____

Comprensión

Actividad C Estadísticas   Escuche y escoja.

a. 0,9:1.000   g. 67%
b. 1,2:1.000   h. 100%
c. 8:1.000   i. 46,3
d. 27,7:1.000   j. 112,8
e. 38%   k. 2.081
f. 40,7%   l. 3.368

1. _____
2. _____
3. _____
4. _____
5. _____
6. _____
7. _____
8. _____
9. _____
10. _____
11. _____
12. _____

CONVERSACIÓN

La salud

Vocabulario

Actividad A Escuche y escoja.

_____

_____

_____

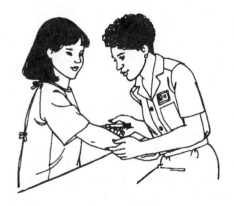

_____

_____

Actividad B Definiciones y sinónimos   Escuche y escoja.

a. exigir   d. pulmonar
b. caminar   e. gozar de buena salud
c. cardíaco

1. _____

2. _____

3. _____

4. _____

5. _____

Comprensión

Actividad C Un examen médico   Escuche.

Actividad D Escuche y escoja.

1. a b c   5. a b c

2. a b c   6. a b c

3. a b c   7. a b c

4. a b c   8. a b c

Actividad E ¡Estoy en forma!   Escuche.

Actividad F Escuche y complete.

1. Ella cree que siempre está en forma porque hace mucho

   _____ .

2. Dos ejercicios que le gustan al joven son caminar y hacer

   _____ .

3. Y en cuanto a los alimentos, él sigue una buena _____ .

4. El yogur y cereales es lo que él toma para el _____ .

5. La muchacha cree que es muy importante la _____ personal.

LENGUAJE

Actividad A Escuche y conteste.

Actividad B Escuche y conteste.

Actividad C Escuche y pregunte.

Actividad D Mire y responda.

Ejemplo: *(You hear)*   Número 0.
          (You see)

(You say)   Tengo hambre.

    1.   2.   3.

Actividad E Escuche y responda.

Ejemplo: *(You hear)*   No estoy bien.
          (You say)   No me siento bien.

Nombre _____ Fecha _____

Actividad F Escuche y escoja.

_____   _____   _____

_____   _____   _____

Actividad G Preguntas personales   Escuche y conteste.

REPASO DE ESTRUCTURA

Actividad A Escuche y conteste.

Actividad B Escuche y responda.

> Ejemplo: *(You hear)* Éste es bueno.
> *(You say)* Sí, pero ése es mejor.

> Ejemplo: *(You hear)* Ésta es mala.
> *(You say)* Sí, pero ésa es peor.

Actividad C Escuche y responda.

> Ejemplo: *(You hear)* ¿El médico?
> *(You see)* médico / bueno
> *(You say)* Éste es bueno, ése es mejor pero aquél es el mejor.

1. médico / bueno
2. enfermero / malo
3. hospitales / buenos
4. clínica / mala
5. cirujanos / malos

Actividad D Preguntas personales Escuche y conteste.

Actividad E Escuche y responda.

> Ejemplo: *(You hear)* Número 0.
> *(You see)* Martina / inteligente / Luis
> *(You say)* Martina es tan inteligente como Luis.

> Ejemplo: *(You hear)* Número 0.
> *(You see)* ella / estudiar / él
> *(You say)* Ella estudia tanto como él.

1. Martina / inteligente / Luis
2. ella / estudiar / él
3. ella / ambiciosa / él
4. ella / tener talento / él
5. ella / recibir notas buenas / él

Actividad F Escuche y responda.

> Ejemplo: *(You hear)* Número 0.
> *(You see)* Pepe / acostarse / 10:00
> *(You say)* Pepe se acuesta a las diez.

1. Pepe / acostarse / 10:00
2. Luisa / levantarse / 7:00
3. yo / despertarse / 6:00
4. nosotros / desayunarse / 7:30
5. ellos / vestirse / 8:00
6. nosotros / acostarse / 10:30
7. tú / dormirse / en seguida

Actividad G Preguntas personales   Escuche y conteste.

Actividad H ¿Qué hace Samuel?   Mire y responda.

Ejemplo: *(You hear)*   Número 0.
           (You see)

           (You say)   Samuel lava al perro.

1.

2.

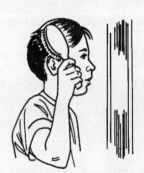

3.

4.

5.

6.

Actividad I Escuche y conteste.

1. en una fiesta   3. sí

2. en un café   4. (pregunta personal)

PERIODISMO

Salud estudiantil

Vocabulario

Actividad A Escuche y escoja.

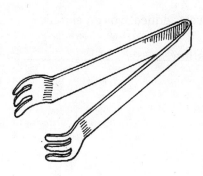

_____

_____

_____

_____

Actividad B Definiciones y sinónimos   Escuche y escoja.

a. consumir   d. el aula
b. los docentes   e. la cantina, la cafetería
c. el acuerdo

1. _____   4. _____

2. _____   5. _____

3. _____

Comprensión

Actividad C   Escuche.

Actividad D   Escuche y complete.

1. El Ministerio de _____ anunció los acuerdos.

2. Han anunciado _____ acuerdos.

3. Afectarán a los _____ .

4. Hay _____ niveles educativos en el país.

5. La Libreta de Salud Integral costará _____ sucres.

Actividad E   Escuche y escoja.

1. a   b   c

2. a   b   c

3. a   b   c

4. a   b   c

5. a   b   c

6. a   b   c

7. a   b   c

8. a   b   c

LA DIETA

Vocabulario

Actividad A   Escuche y escoja.

_____

_____

_____

_____

_____

_____

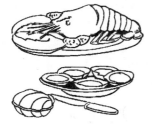

_____

_____

_____

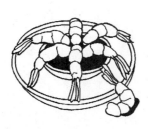

_____

_____

_____

Comprensión

Actividad B Escuche y escoja.

1. a   b   c

2. a   b   c

3. a   b   c

4. a   b   c

LA CONTAMINACIÓN POR EL RUIDO

Vocabulario

Actividad A Definiciones y sinónimos   Escuche y escoja.

a. sordo   e. el sonido
b. dañado   f. aumentar
c. destrozar   g. la audición
d. el ruido

1. _____   5. _____

2. _____   6. _____

3. _____   7. _____

4. _____

Actividad B ¿De qué es el sonido?   Escuche y escoja.

a. un taladro
b. un disparo
c. un claxon

1. _____

2. _____

3. _____

Nombre _____ Fecha _____

Actividad C Escuche y escoja.

_____

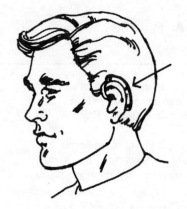
_____

_____

_____

Comprensión

Actividad D Algunas sugerencias   Escuche.

Actividad E Escuche y escoja.

1. a b c

2. a b c

3. a b c

4. a b c

5. a b c

6. a b c

7. a b c

Uɴ poco más

Actividad A Escuche y escoja.

•¿Es realmente beneficiosa la cura del jugo de arándano agrio para infecciones de la vejiga? PÁGINA 403.

• *El maravilloso mineral (en la PÁGINA 564) que ayuda a reducir la alta presión sanguínea — ¡sin medicina!*

•¿Tiene fiebre? Una doctora le recomienda el té herbario que realmente hace efecto, en la PÁGINA 298.

•Infórmese sobre las píldoras para el síndrome premenstrual («PMS») en la PÁGINA 643.

•Este simple ejercicio es excelente para bajar in presión sanguínea. PÁGINA 566.

•Cómo usar una taza de café fuerte para acortar un ataque de asma. ¡Sorprendente! PÁGINA 53.

•Humedezca la piel seca con vaselina. !No hay nada mejor! PÁGINA 542.

•Alimentos para ayudarle dormir. PÁGINA 425.

•Desayune con este alimento delicioso que también puede reducir el nivel de colesterol. PÁGINA 113.

•Solamente una cucharadita diaria de este aceite de pescado (mencionado en la PÁGINA 45) ayuda a aliviar el dolor de la artritis reumática. ¡Increíble!

•Suavize las manos irritadas con aceite de limón (¡Sí! aceite de limón.) PÁGINA 478.

•Los dentistas revelan el secreto de cepillarse los dientes correctamente. PÁGINA 613.

•Cómo las mujeres pueden proteger sus labios del cáncer. PÁGINA 438.

Y más...

1. ＿＿＿ 4. ＿＿＿

2. ＿＿＿ 5. ＿＿＿

3. ＿＿＿ 6. ＿＿＿

Actividad B Escuche.

Actividad C Escuche y escoja.

1. a   b   c

2. a   b   c

3. a   b   c

4. a   b   c

5. a   b   c

6. a   b   c

7. a   b   c

8. a   b   c

9. a   b   c

ESTRUCTURA

Actividad A Escuche y responda.

Ejemplo: *(You hear)* La señora vive en nuestro edificio. La señora es dentista.
  (You say) La señora que vive en nuestro edifico es dentista.

Actividad B Escuche y conteste.

Ejemplo: *(You hear)* ¿Cuál de las canciones es tu preferida?
  (You see) estoy tocando
  (You say) Mi preferida es la que estoy tocando.

1. estoy tocando

2. batea ahora

3. están allí

4. están en mi clase

5. se sienta en la primera fila

Actividad C Escuche y responda.

Ejemplo: *(You hear)* Quiero un carro nuevo.
  (You see) nota buena
  (You say) Lo que yo quiero es una nota buena.

1. nota buena

2. algo para beber

3. más tiempo

4. otra revista

Actividad D Escuche y escoja.

1. a b   6. a b

2. a b   7. a b

3. a b   8. a b

4. a b   9. a b

5. a b

Actividad E Escuche y conteste.

STUDENT TAPE MANUAL
Copyright © Glencoe/McGraw-Hill

LITERATURA

UN DÍA DE ÉSTOS

Vocabulario

Actividad A   Escuche e identifique.

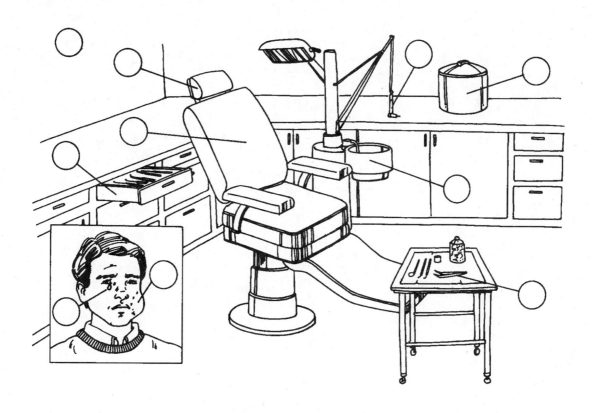

Actividad B   Definiciones y sinónimos   Escuche y escoja.

a.	la muela	**f.**	el cepillo de dientes
b.	las encías	**g.**	la seda dental
c.	la caries	**h.**	tibio
d.	la pasta dentífrica	**i.**	amanecer
e.	el trapo	**j.**	apresurarse

1. _____   **6.** _____

2. _____   **7.** _____

3. _____   **8.** _____

4. _____   **9.** _____

5. _____   **10.** _____

Comprensión

Actividad C Escuche.

Actividad D Escuche y escoja.

1. a   b   c

2. a   b   c

3. a   b   c

4. a   b   c

5. a   b   c

6. a   b   c

7. a   b   c

8. a   b   c

9. a   b   c

10. a   b   c

11. a   b   c

Actividad E Escuche y conteste.

Nombre _____ Fecha _____

LA TÍA JULIA Y EL ESCRIBIDOR

Vocabulario

Actividad A   Escuche y escoja.

_____   _____   _____

      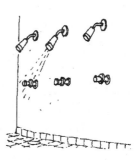

_____   _____   _____

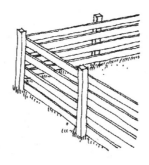   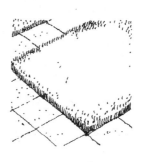

_____   _____

Actividad B   Definiciones y sinónimos   Escuche y escoja.

a.	regar	g.	el ciego
b.	podar	h.	el vientre
c.	ladrar	i.	el galeno
d.	flaco	j.	el azulejo
e.	apuesto	k.	la copa
f.	cotidiano	l.	la carrera de ciclismo

1. _____   7. _____

2. _____   8. _____

3. _____   9. _____

4. _____   10. _____

5. _____   11. _____

6. _____   12. _____

Comprensión

Actividad C   Escuche y escoja.

1. a   b   c

2. a   b   c

3. a   b   c

4. a   b   c

5. a   b   c

6. a   b   c

7. a   b   c

8. a   b   c

9. a   b   c

10. a   b   c

UN POCO MÁS

Actividad A Escuche.

Actividad B Escuche y escoja.

      1. a   b   c   **4.** a   b   c

      2. a   b   c   **5.** a   b   c

      3. a   b   c   **6.** a   b   c

Actividad C La forma y la dieta   Escuche y escoja.

1. Aparte del entrenamiento para el fútbol, Pascual se mantiene en forma

   recorriendo muchos kilómetros _____ .
   - **a.** en carro
   - **b.** en bicicleta
   - **c.** en motocicleta

2. Pascual cree que el buen deportista tiene que preocuparse por _____ .
   - **a.** la dieta
   - **b.** el descanso
   - **c.** el ejercicio

3. Durante el descanso en la escuela a media mañana Pascual come

   _____ .
   - **a.** pasta
   - **b.** tostadas con mermelada
   - **c.** un bocadillo

4. Carla se mantiene en forma con aeróbicos y tenis, pero lo que trata de

   hacer lo más frecuentemente posible es _____ .
   - **a.** nadar
   - **b.** correr
   - **c.** caminar

5. El desayuno de Carla consiste en _____ .
   a. agua, fruta y   b. jugo, leche y   c. café y tostadas
      vitaminas   cereal

6. Lo que más hace Mauricio para mantenerse en forma es practicar

   _____ .

   a. la natación   b. el jogging   c. el baloncesto

7. Según Mauricio, lo que hace mucha gente para mantenerse en forma es

   _____ .

   a. correr   b. ir al gimnasio   c. nadar

8. Mauricio cree que los españoles, comparados con otros, para el desayuno

   comen _____ .
   a. menos   b. igual   c. más

9. Un deporte que le gusta mucho a Virginia es _____ .
   a. el baloncesto   b. la natación   c. el tenis

10. En casa de Virginia por la noche lo que comen, típicamente, son _____ .
    a. huevos fritos y   b. pescado y verduras   c. pizza y burgers
       papas

Actividad D El cuidado médico   Escuche y complete.

1. Dice Virginia que en España el cuidado médico se paga por medio de la

   seguridad _____ .

2. Una vez Mauricio tuvo que ir al médico porque, jugando al baloncesto, se

   torció el _____ .

3. Mauricio dice que uno no debe bañarse después de comer porque se le

   puede cortar la _____ .

4. Pascual dice que cuando su familia necesita cuidado médico van a ver a

   un médico que es _____ de ellos.

5. Si alguien en la familia de Carla se enferma y creen que es grave llaman al

   médico y él viene a _____ .

6. Carla y su familia visitan al dentista _____ veces al
   año.

7. Una vez, jugando al fútbol a Pascual se le fracturó una

   _____ .

CAPÍTULO **8**

Raíces

CULTURA

La herencia etnocultural de los hispanos

Vocabulario

Actividad A Definiciones y sinónimos   Escuche y escoja.

a.	forzado	**d.**	enriquecerse
b.	grato	**e.**	musulmán
c.	expulsar	**f.**	el genio

1. _____   4. _____

2. _____   5. _____

3. _____   6. _____

Actividad B Escuche y escoja.

1.	a	b	c	**9.**	a	b	c
2.	a	b	c	**10.**	a	b	c
3.	a	b	c	**11.**	a	b	c
4.	a	b	c	**12.**	a	b	c
5.	a	b	c	**13.**	a	b	c
6.	a	b	c	**14.**	a	b	c
7.	a	b	c	**15.**	a	b	c
8.	a	b	c	**16.**	a	b	c

Comprensión

Actividad C ¿Quién es? Escuche y escoja.

	RIGOBERTA MENCHÚ	ROBERTO FUJIMORI	BERNARDO O'HIGGINS	ANTONIO MACEO
1.	_____	_____	_____	_____
2.	_____	_____	_____	_____
3.	_____	_____	_____	_____
4.	_____	_____	_____	_____

Actividad D ¿Sí o no? Escuche y escoja.

1. sí   no
2. sí   no
3. sí   no
4. sí   no
5. sí   no
6. sí   no

Actividad E Escuche y escoja.

1. a   b   c
2. a   b   c
3. a   b   c
4. a   b   c
5. a   b   c
6. a   b   c
7. a   b   c

CONVERSACIÓN
Las lenguas indígenas

Vocabulario

Actividad A Definiciones y sinónimos   Escuche y escoja.

a. culpable	**f.** el opresor	**j.** el entrenamiento
b. autóctono	**g.** el maya-quiché	**k.** influir
c. británico	**h.** los bisabuelos	**l.** reconocer
d. étnico	**i.** la vivienda	**m.** alfabetizar
e. humilde		

1. _____   8. _____

2. _____   9. _____

3. _____   10. _____

4. _____   11. _____

5. _____   12. _____

6. _____   13. _____

7. _____

Comprensión

Actividad B El voluntario y la directora del Cuerpo de Paz   Escuche.

Actividad C Escuche y escoja.

1. a   b

2. a   b

3. a   b

4. a   b

5. a   b

6. a   b

7. a   b

Actividad D Escuche y complete.

1. El entrenamiento comienza _____ .

2. También va a aprender sobre la _____ maya.

3. Por la tarde va a aprender metodología y técnicas de

   _____ .

4. Él va a ir al pueblo más cercano en bus y después va a

   _____ .

5. Él va a vivir en una _____ .

6. Él va a conocer al equipo y a los otros _____ .

Actividad E Los africanos en Latinoamérica   Escuche.

Actividad F ¿Sí o no?   Escuche y escoja.

1. sí   no

2. sí   no

3. sí   no

4. sí   no

5. sí   no

6. sí   no

7. sí   no

LENGUAJE

Actividad A Escuche y hable.

Actividad B Escuche y hable.

REPASO DE ESTRUCTURA

Actividad A   Escuche y conteste.

   Ejemplo: *(You hear)*   ¿Quién habla?
               (You see)   Pepe
               (You say)   Pepe está hablando.

   1.   Pepe

   2.   Nosotros

   3.   Mi hermana

   4.   Yo

   5.   Tú

Actividad B   Escuche y conteste.

   Ejemplo: *(You hear)*   ¿Ramonita escribe?
               (You say)   Sí, ella está escribiendo.

Actividad C   Escuche y conteste.

   Ejemplo: *(You hear)*   ¿Cómo se porta Ricardo?
               (You see)   decente
               (You say)   Se porta decentemente.

   1.   decente

   2.   estupendo

   3.   humilde

   4.   generoso

   5.   reciente

   6.   general

   7.   puntual

   8.   respetuoso

   9.   elegante

   10. discreto

Periodismo

Los mayas

Vocabulario

Actividad A Escuche y escoja.

1.	a	b	c	**6.**	a	b	c
2.	a	b	c	**7.**	a	b	c
3.	a	b	c	**8.**	a	b	c
4.	a	b	c	**9.**	a	b	c
5.	a	b	c	**10.**	a	b	c

Comprensión

Actividad B Escuche y conteste.

Actividad C Escuche.

Actividad D Escuche y complete.

1. Con el Dr. ——————————————————— .

2. Es de la Universidad de ——————————————— .

3. Ha estado estudiando los restos de la civilización ———————————————— .

4. El auge comenzó alrededor de ——————————————— antes de Cristo.

5. El gran misterio es la causa de su ——————————————— .

6. El Dr. Demarest y sus colegas son ——————————————— .

7. Han estado trabajando unos ——————————————— años.

8. Los construyeron los ——————————————— .

Actividad E ¿Sí o no? Escuche y escoja.

1.	sí	no	**6.**	sí	no
2.	sí	no	**7.**	sí	no
3.	sí	no	**8.**	sí	no
4.	sí	no	**9.**	sí	no
5.	sí	no			

UNAS CARTAS

Vocabulario

Actividad A ¿De qué están hablando? Escuche y escoja.

1. **a.** engañar **b.** informar

2. **a.** engañar **b.** informar

3. **a.** la cartilla **b.** la voluntad

4. **a.** la cartilla **b.** la voluntad

Comprensión

Actividad B Primera carta Escuche.

Actividad C Escuche y conteste.

Actividad D Segunda carta Escuche.

Actividad E Escuche y escoja.

1. a b c

2. a b c

3. a b c

4. a b c

Actividad F Tercera carta Escuche.

Actividad G Escuche y escoja.

1. **a.** Rodeo **b.** TEKO **c.** Urundeiti

2. **a.** guaraní **b.** Urundeiti **c.** español

3. **a.** su familia **b.** los jefes **c.** el maestro

4. **a.** su familia **b.** los jefes **c.** el maestro

5. **a.** 12 años **b.** 22 años **c.** 32 años

LOS JUDÍOS EN EL CARIBE

Vocabulario

Actividad A Definiciones y sinónimos   Escuche y escoja.

a. perseguir   e. el pilar
b. el hogar   f. el piso
c. el rabino   g. los judíos
d. la sinagoga

1. _____   5. _____

2. _____   6. _____

3. _____   7. _____

4. _____

Comprensión

Actividad B Escuche.

Actividad C Escuche y escoja.

1. a   b   c   3. a   b   c

2. a   b   c   4. a   b   c

Actividad D Escuche y describa.

 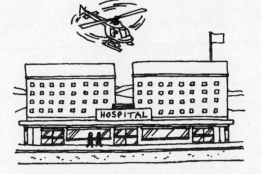

Nombre ———————————————— Fecha ————————————————

Un poco más

Actividad A ¡A hablar maya!   Escuche y repita.

Actividad B Escuche y conteste.

DÍAS MAYAS

 IMIX   IK   AKBAL   KAN   CHICCHAN

 CIMI   MANIK   LAMAT   MULUK   OC

 CHUEN   EB   BEN   IX   MEN

 CIB   CABAN   ETZNAB   CAUAC   AHAU

STUDENT TAPE MANUAL
Copyright © Glencoe/McGraw-Hill

¡Buen viaje! Level 3   Capítulo 8   **135**

Actividad C Escuche.

CARA A CARA   ICIAR DE LA PEÑA

FERNANDO MORENO

MARÍA LUISA RAMÍREZ

Directora de la emisora Voz Popular de Guatemala

Actividad D Escuche y escoja.

1. a   b   c

2. a   b   c

3. a   b   c

4. a   b   c

5. a   b   c

6. a   b   c

ESTRUCTURA

Actividad A Escuche y responda.

> Ejemplo: *(You hear)* Construyeron el edificio en 1800.
> *(You say)* El edificio fue construido en 1800.

Actividad B Escuche y responda.

> Ejemplo: *(You hear)* No fue leído.
> *(You say)* No se leyó.

Actividad C Escuche y conteste.

> Ejemplo: *(You hear)* ¿Qué se vende allí?
> *(You see)* una perfumería
> *(You say)* Se vende perfume.

1. una perfumería

2. una mueblería

3. una carnicería

4. una floristería

5. una frutería

6. una panadería

Actividad D Escuche y conteste.

> Ejemplo: *(You hear)* ¿Debemos hablar?
> *(You say)* Sí, hablemos.

LITERATURA

COSTUMBRES QUICHÉS

Vocabulario

Actividad A La paráfrasis Escuche y responda.

> Ejemplo: *(You hear)* Es la época de la recogida del maíz.
> *(You say)* Es la época de la cosecha del maíz.

desperdiciar	antepasados	ladino
herir	sagrados	cosecha

Actividad B Escuche lo que dice Rigoberta Menchú al comienzo de su libro.

Actividad C ¿Sí o no? Escuche y escoja.

1. sí   no   4. sí   no

2. sí   no   5. sí   no

3. sí   no

BÚCATE PLATA

Vocabulario

Actividad A Escuche y escoja.

Comprensión

Actividad B Búcate plata   Escuche.

Actividad C Escuche y escoja.

1. a   b   c

2. a   b   c

3. a   b   c

4. a   b   c

5. a   b   c

EL PRENDIMIENTO DE ANTOÑITO EL CAMBORIO EN EL CAMINO DE SEVILLA

Vocabulario

Actividad A Escuche y escoja.

_____

_____

_____

_____

_____

_____

Comprensión

Actividad B   El prendimiento de Antoñito el Camborio en el camino de Sevilla   Escuche.

Actividad C   Escuche y escoja.

1. a   b   c

2. a   b   c

3. a   b   c

4. a   b   c

5. a   b   c

6. a   b   c

7. a   b   c

¡QUIÉN SABE!

Vocabulario

Actividad A Definiciones y sinónimos   Escuche y escoja.

    a. el amo   **d.** labrar

    b. el sudor   **e.** ignorar

    c. taciturno

    1. _____

    2. _____

    3. _____

    4. _____

    5. _____

Comprensión

Actividad B ¡Quién sabe!   Escuche.

Actividad C Escuche y complete.

    1. No. Son de _____ .

    2. Por su sangre y su _____ .

    3. Hace ya _____ .

    4. Lleva una expresión _____ .

    5. A todo, él contesta ¡ _____ !

Un poco más

Actividad A   Escuche.

Actividad B   Escuche y conteste.

Actividad C   Escriba.

_____

_____

_____

_____

_____

_____

_____

_____

_____

_____

_____

_____

Actividad D Los indígenas   Escuche y escoja.

1. Los indígenas que viven cerca de donde vive Carla se llaman los _____ .
    a. santiagos   **b.** colorados   **c.** brazos

2. Los indígenas de la región se quedan casi siempre en _____ .
    a. sus comunidades   **b.** las ciudades   **c.** la capital

3. Carla ha hablado con el gobernador de los indígenas de su región y lo

    considera una persona muy _____ .
    a. alejada   **b.** preparada   **c.** conocida

4. Los indígenas preparan con el achiote un tipo de _____ .
    a. falda   **b.** camisa   **c.** gorro

Actividad E Los antepasados Escuche y escoja.

1. Virginia dice que de su familia se puede decir que son castizos porque sus

   padres y abuelos todos son de _____ .
   a. Alcobendas
   b. Castilla
   c. Madrid

2. Mauricio dice que los españoles son _____ .
   a. todos de ascendencia romana
   b. una mezcla de muchas razas y culturas
   c. descendientes de culturas europeas, nada más

3. Virginia dice que en su región un grupo con una cultura diferente, ni

   mejor ni peor, son los _____ .
   a. castizos
   b. extranjeros
   c. gitanos

4. Mauricio ve que está llegando a España desde otras partes de Europa una

   ola de _____ .
   a. miseria
   b. racismo
   c. democracia

Actividad F Las influencias de otras partes Escuche y escoja.

1. Carla cree que la influencia más importante en su país es de _____ .
   a. Europa
   b. los indígenas
   c. Norteamérica

2. Pascual cree que los que más han afectado la cultura de los españoles son

   _____ .
   a. los romanos y los visigodos
   b. los judíos y los musulmanes
   c. los alemanes y los indígenas

3. Pascual cree que hay que evitar los conflictos raciales para que todos vivan

   en _____ .
   a. amor y compañía
   b. riqueza y paz
   c. salud y alegría

4. La familia del padre de Pascual es originalmente de la región de _____ .
   a. Madrid
   b. Valencia
   c. Ciudad Real

5. A causa del tráfico y del gran número de gente, a Pascual no le gusta

   mucho _____ .
   a. Madrid
   b. Valencia
   c. Ciudad Real

STUDENT TAPE MANUAL
Copyright © Glencoe/McGraw-Hill

Actividad G El futuro   Escuche y complete.

1. Cuando termine con sus estudios en el Ecuador, Carla piensa ir a

   _____ .

2. Ella va a estudiar periodismo y modelaje para la

   _____ .

3. Pascual piensa ir a la universidad, no puede esperar mucho, y tiene que

   decidir lo que va a estudiar en serio _____ .

4. Virginia va a volver a la universidad y luego quiere seguir cursos de

   _____ .

5. Virginia dice que es importante para los españoles

   dominar tres idiomas, que son el _____, el

   _____ y el _____ .

6. Mauricio tiene cinco años de estudio en la universidad. En el futuro, la

   universidad va a durar sólo _____ años.

7. Mauricio cree que los idiomas y la _____ son dos cosas
   que todo el mundo tiene que dominar en el futuro.

NOTES

NOTES

NOTES

NOTES

NOTES

NOTES

NOTES